Fertig IN 15 MINUTEN

SCHNELLE REZEPTE OHNE SCHNICKSCHNACK FÜR GESUNDE MENÜS, DIE SCHMECKEN

JASMIN FINDIG

VORWORT

Du kommst nach einem anstrengenden Tag müde nach Hause, dein Magen knurrt, aber du hast keine Lust, lange in der Küche zu stehen? Du möchtest einfach schnell etwas essen, aber Tiefkühl-Pizza ist auf Dauer keine Lösung?

Dann haben wir etwas gemeinsam! Auch ich habe mich gefragt, wie ich in kurzer Zeit leckere Gerichte zubereiten kann. Ob zu Hause oder im Büro: Zwischen meinen Terminen kann ich mir meist nur eine kurze Mittagspause erlauben und auch nach Feierabend hält sich die Motivation für lange Küchenaufenthalte in Grenzen. Ich besitze zwar einige vielversprechende Kochbücher, aber die Gerichte darin waren mir meist schlicht und einfach zu aufwändig. Ich brauchte dringend alltagstaugliche Rezepte, mit denen ich mich auf Dauer ausgewogen ernähren kann. So habe ich die letzten Jahre mit gesunden Zutaten experimentiert und nach und nach eine Sammlung schnörkelloser Rezepte erstellt. Die Besten daraus hältst du mit diesem Buch in deinen Händen.

Ich freue mich sehr, dass mein Kochbuch zu dir gefunden hat. Meine Rezepte richten sich nach deiner Zeit und lassen dich in nur 15 Minuten leckere Gerichte für 2 Personen zaubern! Und weil Kochen beim Einkauf anfängt, enthalten sie keine exotischen Zutaten, sondern nur, was in jedem gängigen Supermarkt erhältlich ist. So kannst du dich aufs Wesentliche konzentrieren und hast im Handumdrehen ein tolles Menü auf dem Tisch.

Viel Spaß, gutes Gelingen und Bon Appétit!

Du hast Fragen oder Anregungen zu diesem Buch oder möchtest mir Feedback geben? Großartig! Schreib mir gerne per E-Mail an:

smarterkochen@gmail.com

Ich würde mich sehr freuen, von dir zu lesen.

INHALT

INHALT

SCHNELLER KOCHEN IN 7 SCHRITTEN

Worauf kommt es bei einem schnellen Menü an? Damit du die Zeit in der Küche von Anfang an optimal nutzen kannst, habe ich meine besten Tipps von der Küchenorganisation über den Einkauf bis hin zum Abwasch als kurze Anleitung zusammen-gefasst. Du wirst überrascht sein, wie leicht du mit etwas Planung und ein paar praktischen Helfern selbst gekochte Gerichte in deinen Alltag integrierst.

1. Ausmisten und funktionales Kochen ermöglichen

Bevor du anfängst zu kochen, solltest du für Ordnung in deiner Küche sorgen. Das bedeutet jedoch nicht nur den Abwasch zu erledigen und die Arbeitsflächen sauber zu halten. Bestimmt findet sich das eine oder andere Gerät, das du seit Monaten nicht verwendet hast und somit Platz wegnimmt, den du dringend benötigst, um effizient zu kochen. Mache dir bewusst, welche Geräte tatsächlich nützlich sind und beseitige konsequent sämtliche Gegenstände, die du nicht mehr benötigst.

2. Häufig Verwendetes griffbereit organisieren

Hast du Platz geschafft, kannst du häufig verwendete Geräte griffbereit halten. Selbes gilt für häufig verwendete Zutaten: Beim Kochen sind Gewürze, Essig und Öl gerade in offenen Regalen besonders schnell greifbar. Aber Achtung: Alles, was nicht feucht werden darf, sollte nicht nahe dem Herd gelagert werden. Wenn du verschiedene Anordnungen testest, wirst du herausfinden, wie deine Küche am besten für dich funktioniert. So etablierst du langfristig ein System, das dir täglich Zeit spart.

3. Vorausplanen und effizient einkaufen

Zeit sparen beginnt beim Einkauf. Achte darauf, Grundnahrungsmittel wie Nudeln und Reis auf Vorrat zu halten. Wenn du eine Gefriertruhe hast, solltest du zudem eine Auswahl an Tiefkühlgemüse lagern. Um Zeit zu sparen, solltest du wenige größere Einkäufe gegenüber häufigen kleinen Einkäufen vorziehen. Plane deinen Einkauf auf Basis der Rezepte, die du zubereiten möchtest. Damit du in den folgenden Tagen schneller mit dem Kochen beginnen kannst, solltest du Obst und Gemüse bereits nach dem Einkauf waschen.

4. Abläufe mit praktischen Helfern beschleunigen

Räume die eingekauften Lebensmittel in einen ausreichend großen Kühlschrank, damit dir langes Suchen in einem überfüllten Kühlschrank erspart bleibt. Besitzt du ein kleineres Modell, ist eine sinnvolle Sortierung umso wichtiger: Während Verderbliches nach unten kommt, wo es am kältesten ist, nimmt Haltbares oben Platz.

Im besten Fall besitzt dein Schneidebrett Rillen für austretende Flüssigkeit sowie eine integrierte Auffangschale für Schneideabfälle. Oder du stellst eine kleine Schale bereit, sodass du Abfälle direkt entsorgen kannst und das Schneidebrett wieder schneller frei ist für weitere Zutaten.

Falls du es noch nicht getan hast, investiere unbedingt in qualitativ hochwertige Messer und schärfe diese regelmäßig. Mit scharfen Messern schneidet es sich nicht nur schneller, sondern sie rutschen auch deutlich seltener ab und verringern somit das Verletzungsrisiko. Doch nicht alle Lebensmittel sollten mit einem Messer zubereitet werden – für Knoblauchzehen ist eine Knoblauchpresse oft die bessere Wahl, wenn diese besonders fein zerteilt werden sollen. Wähle ein Modell, das auch für ungeschälte Knoblauchzehen geeignet ist.

Bevorzuge zur Portionierung eine Küchenwaage anstelle eines Messbechers. Sowohl flüssige als auch feste Zutaten lassen sich so schneller abwiegen. Doch was wäre ein Gericht ohne passende Gewürze? Damit du nicht jedes Mal überlegen musst, welche Gewürze nun am besten harmonieren, organisiere dir im Vorhinein Gewürzmischungen. Du kannst sie entweder nach deinen Vorlieben selbst zusammenstellen oder du bedienst dich am Supermarktsortiment.

5. Kochen mit Deckel und Wasserkocher

Sind alle Zutaten portioniert, landen sie meist in der Pfanne oder im Topf. Verwende bei Töpfen stets einen Deckel – so entweicht weniger Hitze und der Inhalt wird schneller gar. Das spart sowohl Zeit als auch Energie. Zudem benötigt kleiner geschnittenes Gemüse ebenfalls weniger Zeit im Topf. Bereite alle Zutaten mit ähnlichem Garpunkt direkt im selben Topf zu. Kochst du nur Reis oder Pasta (außer Spaghetti), reicht meist ein kleiner Topf mit einem Durchmesser von 16 cm für ein kleines Kochfeld. Ich empfehle 1 Liter Wasser für 200 g Pasta.

Manchmal wird jedoch lediglich heißes Wasser benötigt. In diesem Fall ist stets ein Wasserkocher zu bevorzugen – darin kocht Wasser wesentlich schneller als im geschlossenen Topf. Vortagsreste wie Pellkartoffeln kannst du in wenigen Minuten in der Mikrowelle erhitzen.

6. Rezepte kennen und Mahlzeiten vorkochen

Bevor du mit dem Kochen beginnst, lies dir das Rezept genau durch, um einen reibungslosen Ablauf zu gewährleisten. Aber auch hier gilt: Je häufiger du bestimmte Abläufe durchgeführt hast, desto schneller wirst du darin. Achte darauf, Wartezeiten zu vermeiden, indem du Dinge parallel erledigst. So dauert es bei-spielsweise etwa 2 Minuten, Bratöl in einer Pfanne zu erhitzen und 4 Minuten, um 1,5 Liter kaltes Wasser in einem Wasserkocher zu erhitzen. Mit der Zeit wirst du die notwendigen Arbeitsschritte so gut kennen, dass du genau weißt, was du parallel erledigen kannst.

Um noch mehr Zeit zu sparen, kannst du direkt die doppelte Menge kochen. Vorkochen ist ungemein praktisch, doch ein Gericht an mehreren Tagen hintereinander zu essen wird schnell langweilig. Das muss nicht sein – variiere einfach die Beilage. Gieße beispielsweise etwas Bulgur mit heißem Wasser auf uns lass es wenige Minuten quellen und schon ist eine neue Beilage zubereitet. Du hast am Vortag ein Nudelgericht gekocht? Dann kannst du die restlichen Nudeln vom Vortag in einem Nudelsalat verwerten. In diesem Sinne kannst du auch direkt die doppelte Menge vollständiger Gerichte zubereiten und für einen anderen Tag einfrieren. Am besten direkt getrennt in Portionen und möglichst flach in Gefrierbeuteln, damit es bei Bedarf schnell wieder auftaut.

7. Nach dem Kochen ist vor dem Abwasch

Sollten du noch keine Spülmaschine besitzen obwohl es Anschlussmöglichkeiten in deiner Wohnung gibt, solltest du nicht länger auf diesen wertvollen Haushaltshelfer verzichten. Eine Spülmaschine spart nicht nur Zeit beim Abwasch, sondern dient auch als Stauraum für gebrauchtes Geschirr, das sonst Arbeitsflächen belagert und vor dem nächsten Kochen erst manuell abgespült werden müsste. Aus diesem Grund lohnt sich eine Spülmaschine auch für einen Single-Haushalt.

Nun weißt du, wie du in der Küche Schritt für Schritt effizienter wirst. Wenn du deine Küche und deinen Einkauf entsprechend organisiert hast, kommt es in der schnellen Küche vor allem auf eines an: Üben, üben, üben. Los geht's!

PASTA

Aufgrund ihrer energiereichen Kohlenhydrate empfehle ich Pasta eher in der frühen Phase des Tages bis hin zum Nachmittag. Wenn du also etwas mehr Hunger hast, bieten dir die folgenden Gerichte eine schnelle, vollwertige Mahlzeit. Pasta wird klassisch al dente gekocht, sprich sie sollte bissfest aufgetischt werden und nicht zu viel Wasser enthalten, was die Intensität des Geschmacks reduzieren würde. Als Faustregel kannst du mit 10 g Salz auf einen Liter Nudelwasser rechnen, was etwa 1,5 Esslöffeln (EL) entspricht. Als Befürworterin einer salzarmen Ernährung empfehlen ich dir aber etwas weniger zu verwenden.

Alle Rezepte sind für 2 Personen

PENNE GORGONZOLA

- *1 EL Butter*
- *½ Zwiebel*
- *4 Champignons*
- *200 g Penne*
- *2 EL Salz*
- *2 TL Gemüsebrühe*
- *150 ml Milch*
- *150 ml Sahne*
- *150 g Gorgonzola*
- *100 g Spinat*
- *2 halbe Birnen aus der Dose*
- *2 TL Preiselbeeren*

1. *1 Liter **Wasser** im Wasserkocher zum kochen bringen. Währenddessen **Butter** in einem kleinen Topf erhitzen.*

2. ***Zwiebel** schälen, fein hacken und **Champignons** vierteln, beides braten bis die Zwiebeln glasig sind.*

3. ***Penne** mit Salz in einen Topf geben, mit heißem Wasser übergießen, bei mittlerer Hitze 10 Minuten köcheln lassen und gelegentlich umrühren.*

4. ***Gemüsebrühe** in einem Glas in 150 ml **Milch** und 150 ml **Sahne** auflösen, anschließend Zwiebeln und Champignons damit ablöschen.*

5. ***Gorgonzola** und **Spinat** dazugeben und bei mittlerer Hitze unter Rühren eine cremige Soße entstehen lassen. Währenddessen **Preiselbeeren** auf die **Birnenhälften** geben.*

6. ***Penne** mithilfe eines Nudelsiebs abgießen, auf 2 Teller verteilen und mit **Gorgonzolasoße** und **Birnen** servieren.*

SPAGHETTI CARBONARA

- *1 EL Olivenöl*
- *150 g Schinkenwürfel*
- *200 g Spaghetti*
- *2 EL Salz*
- *2 Eigelb*
- *100 ml Sahne*
- *4 EL Parmesan, gerieben*
- *1 Prise Pfeffer*

1 *2 Liter **Wasser** im Wasserkocher zum kochen bringen. Anschließend **Spaghetti** mit **Salz** in einen Topf geben und mit heißem **Wasser** übergießen, bei mittlerer Hitze 9 Minuten köcheln lassen und gelegentlich umrühren.*

2 *Währenddessen **Parmesan** in eine Schüssel raspeln und beiseite stellen.*

3 *Etwa 3 Minuten bevor die Spaghetti durch sind, **Öl** in einer großen Schmorpfanne erhitzen und **Schinkenwürfel** kurz scharf anbraten.*

4 ***Spaghetti** mithilfe eines Nudelsiebs abgießen und kurz antrocknen lassen. Anschließend zu den Schinkenwürfeln geben und auf mittlerer Temperatur erhitzen.*

5 ***Eigelb**, **Parmesan**, **Sahne**, etwas **Pfeffer** und eine Prise **Salz** hinzufügen und verquirlen, bis sich das Eigelb bindet. Alles auf 2 Teller verteilen.*

SCHINKEN-FUSILLI MIT ERBSEN

- ½ Zwiebel
- 100 g Kochschinken
- 200 g Fusilli
- 1 EL Butter
- 4 EL Weißwein
- 150 g Erbsen, aus der Dose
- 200 ml Sahne
- 4 EL Parmesan, gerieben
- 1 Prise Kräutersalz
- 1 Prise Pfeffer
- 3 TL Salz

1 1 Liter **Wasser** im Wasserkocher zum Kochen bringen. Währenddessen **Zwiebel** schälen, klein hacken und **Schinken** würfeln.

2 Anschließend **Fusilli** mit **Salz** in einen Kochtopf geben, mit heißem Wasser übergießen, 11 Minuten bei mittlerer Hitze und geschlossenem Deckel köcheln lassen, gelegentlich umrühren.

3 In der Zwischenzeit Butter in einem großen Topf erhitzen. **Zwiebel- und Schinkenwürfel** 3 Minuten bei mittlerer Hitze darin anbraten.

4 Mit **Weißwein** ablöschen, **Erbsen** und **Sahne** dazugeben. Mit **Kräutersalz** und **Pfeffer** abschmecken und kurz einkochen lassen.

5 **Fusilli** abgießen, unter die Soße heben und alles mit **Parmesan** bestreuen. Alles auf 2 Teller verteilen.

SPAGHETTI MIT AVOCADO-PESTO

- *200 g Spaghetti*
- *4 TL Salz*
- *2 kleine oder 1 große, reife Avocado(s)*
- *½–1 Knoblauchzehe*
- *5 TL Parmesan*
- *8 Walnuss-Hälften*
- *1 Prise Pfeffer*

1 *2 Liter **Wasser** im Wasserkocher zum Kochen bringen. **Spaghetti** mit 3 TL **Salz** in einen Kochtopf geben, mit heißem Wasser übergießen, 9 Minuten bei mittlerer Hitze und geschlossenem Deckel köcheln lassen, gelegentlich umrühren.*

2 ***Avocado(s), Knoblauch, Parmesan, Walnüsse** und 1 TL **Salz** mit einem Pürierstab zu Pesto verarbeiten.*

3 ***Spaghetti** abgießen, auf 2 Teller verteilen und mit Pesto servieren.*

TAGLIATELLE MIT RÄUCHERLACHS UND SPINAT

- *½ Zwiebel*
- *200 g Tagliatelle*
- *2 EL Salz*
- *200 g Räucherlachs*
- *2 EL Bratöl*
- *4 EL Weißwein*
- *100 ml Sahne*
- *1 Prise Pfeffer*
- *200 g Spinat, tiefgekühlt*

1 *1 Liter **Wasser** im Wasserkocher zum Kochen bringen. Währenddessen **Zwiebel** schälen und fein hacken.*

2 ***Bratöl** in einer Pfanne erhitzen. **Tagliatelle** mit Salz in einen Kochtopf geben, mit heißem Wasser übergießen, 10 Minuten bei mittlerer Hitze und geschlossenem Deckel köcheln lassen, gelegentlich umrühren.*

3 *Zwischenzeitlich **Zwiebelwürfel** 3 Minuten in der Pfanne anbraten, zwischendurch wenden.*

4 ***Räucherlachs** in mundgerechte Stücke schneiden und zusammen mit **Spinat** dazugeben.*

5 *Mit **Weißwein** ablöschen, **Sahne** dazugeben und mit **Salz** und **Pfeffer** abschmecken.*

6 *Weitere 5 Minuten bei mittlerer Hitze köcheln lassen. **Tagliatelle** anschließend abgießen, auf 2 Teller verteilen und mit Soße übergießen.*

MACCHERONI MIT CHORIZO

- *1 Zwiebel*
- *150 g Chorizo*
- *200 g Maccheroni*
- *2 EL Salz*
- *1 EL Bratöl*
- *1–2 Knoblauchzehen*
- *4 EL Rotwein*
- *200 ml passierte Tomaten*
- *1 EL Tomatenmark*
- *50 ml Sahne*
- *½ TL Honig*
- *2 EL Parmesan, gerieben*

1 *1 Liter **Wasser** im Wasserkocher zum Kochen bringen. Währenddessen **Zwiebel** schälen und klein hacken, **Chorizo** würfeln. Beides in eine Schüssel geben und beiseite stellen.*

2 ***Maccheroni** mit **Salz** in einen Kochtopf geben, mit heißem Wasser übergießen und 7 Minuten bei mittlerer Hitze und geschlossenem Deckel köcheln lassen. Gelegentlich umrühren.*

3 *In der Zwischenzeit **Bratöl** in einer großen Pfanne erhitzen. **Zwiebel- und Chorizowürfel** 3 Minuten darin anbraten und anschließend **Knoblauchzehen** über der Pfanne auspressen.*

4 *Alles mit **Rotwein** ablöschen, **passierte Tomaten, Tomatenmark, Sahne** und **Honig** dazugeben, umrühren und etwa 5 Minuten einkochen lassen.*

5 ***Maccheroni** abgießen und auf 2 Teller verteilen. Anschließend mit **Parmesan** bestreuen und mit Soße übergießen.*

FERTIG IN 15 MINUTEN

NUDELSALATE

Bezogen auf seinen Sättigungsgehalt ist der Nudelsalat eher in der Mitte zwischen kohlenhydratreichen Gerichten und Salaten, Couscous oder Suppen anzusiedeln. Dafür enthält er auf der anderen Seite mehr Ballaststoffe und kann dennoch lange sättigen. Ein großer Vorteil des Nudelsalats ist es, dass er auch kalt ein Genuss ist und somit auch gut im Kühlschrank aufbewahrt werden kann. Da Nudeln beim Abkühlen Flüssigkeit verlieren und somit härter werden, empf-ehle ich, sie etwas weicher zu kochen als für Pasta. Sollten dir gewisse Zutaten fehlen, lässt sich dies in einem Nudelsalat eher verschmerzen als beispielsweise in reinen Fisch- oder Fleischgerichten. Du kannst hier auch mit Soßen experi-mentieren, ohne viel falsch machen zu können.

Alle Rezepte sind für 2 Personen

TORTELLINI-SALAT MIT SERRANO-SCHINKEN

- 200 g Tortellini, getrocknet
- 4 Cocktailtomaten
- 1 EL Salz
- 2 Scheiben Serrano-Schinken
- 100 g Gouda
- 4 Radieschen
- Joghurt-Dressing

1 1 Liter **Wasser** in einem Wasserkocher aufkochen. Währenddessen **Tomaten** vierteln und in eine Schüssel geben.

2 **Tortellini** mit **Salz** in einen Kochtopf geben, mit heißem **Wasser** übergießen, 10 Minuten bei mittlerer Hitze und geschlossenem Deckel köcheln lassen, gelegentlich umrühren.

3 **Serrano-Schinken** in Fetzen zerteilen, **Gouda** und **Radieschen** würfeln und ebenfalls in die Schüssel geben.

4 **Tortellini** abgießen und hinzufügen, anschließend **Joghurtdressing** untermischen. Alles auf 2 Teller verteilen.

FERTIG IN 15 MINUTEN

NUDELSALAT CAPRESE

- *150 g Fusilli*
- *1 EL Salz*
- *250 g Cocktailtomaten*
- *125 g Mozzarella*
- *1 EL Basilikum, gehackt*
- *3 EL Balsamessig*
- *3 EL Olivenöl*
- *1 Prise Pfeffer*

1. *0,75 Liter **Wasser** in einem Wasserkocher aufkochen. Währenddessen Dressing aus **Balsamessig, Olivenöl** und **Pfeffer** zubereiten.*

2. ***Fusilli** mit **Salz** in einen Kochtopf geben, mit heißem **Wasser** übergießen, 11 Minuten bei mittlerer Hitze und geschlossenem Deckel köcheln lassen, gelegentlich umrühren.*

3. *In der Zwischenzeit **Cocktailtomaten** halbieren, **Mozzarella** grob in Würfel schneiden und alles in eine Schüssel geben.*

4. ***Fusilli** abtropfen und untermischen. Danach **Dressing** untermischen und **Basilikum** dazugeben. Alles auf 2 Teller verteilen.*

FERTIG IN 15 MINUTEN

NUDELSALAT MIT WALNÜSSEN UND APFEL

- *150 g Penne*
- *1 EL Salz*
- *1 Apfel*
- *12 Walnusshälften*
- *80 g Feldsalat*
- *2 EL Parmesan, gerieben*
- *1 EL Honig*
- *2 EL Olivenöl*
- *2 EL Weißweinessig*
- *1 TL Zitronensaft*

1 *0,75 Liter **Wasser** in einem Wasserkocher aufkochen. Währenddessen Dressing aus **Weißweinessig, Olivenöl, Honig** und **Zitronensaft** zubereiten.*

2 ***Penne** mit **Salz** in einen Kochtopf geben, mit heißem **Wasser** übergießen, 11 Minuten bei mittlerer Hitze und geschlossenem Deckel köcheln lassen, gelegentlich umrühren.*

3 *In der Zwischenzeit **Apfel** grob in Würfel schneiden und mit **Walnusshälften, Feldsalat** und **Parmesan** in eine Schüssel geben.*

4 ***Penne** abtropfen und untermischen, **Dressing** untermischen. Alles auf 2 Teller verteilen.*

THUNFISCH-NUDELSALAT MIT ZWIEBELN UND OLIVEN

- *150 g Fusilli*
- *1 EL Salz*
- *8 Kirschtomaten*
- *1 Dose Thunfisch (ca. 200 g)*
- *50 g schwarze Oliven, entkernt*
- *1 Prise Pfeffer*
- *3 EL Balsamessig*
- *3 EL Olivenöl*

1 *0,75 Liter* ***Wasser*** *in einem Wasserkocher aufkochen. Währenddessen Dressing aus* ***Olivenöl*** *und* ***Balsamessig*** *zubereiten.*

2 ***Fusilli*** *mit* ***Salz*** *in einen Kochtopf geben, mit heißem* ***Wasser*** *übergießen, 11 Minuten bei mittlerer Hitze und geschlossenem Deckel köcheln lassen, gelegentlichumrühren.*

3 *In der Zwischenzeit* ***Kirschtomaten*** *halbieren und mit* ***Thunfisch*** *und* ***Oliven*** *in eine Schüssel geben.*

4 ***Fusilli*** *abtropfen und dazugeben.* ***Dressing*** *untermischen und mit* ***Pfeffer*** *abschmecken. Alles auf 2 Teller verteilen.*

NUDELSALAT MIT MELONE UND SERRANO-SCHINKEN

- 150 g Fusilli
- 1 EL Salz
- 200 g Wassermelone
- 100 g Feta oder Hirtenkäse
- 50 g Feldsalat
- 4 Scheiben Serrano-Schinken
- 2 EL Zitronensaft
- 50 ml Sahne
- 1 TL Honig

1. 0,75 Liter **Wasser** in einem Wasserkocher aufkochen. Währenddessen Dressing aus **Zitronensaft**, **Sahne** und **Honig** zubereiten.

2. **Fusilli** mit **Salz** in einen Topf geben, mit heißem **Wasser** übergießen, 10 Minuten bei mittlerer Hitze und geschlossenem Deckel köcheln lassen und gelegentlichumrühren.

3. In der Zwischenzeit **Melone** und **Feta** würfeln und mit dem **Feldsalat** in eine Schüssel geben. **Serrano-Schinken** in Fetzen zerteilen und dazugeben.

4. **Fusilli** abtropfen und untermischen, **Dressing** untermischen. Alles auf 2 Teller verteilen.

NUDELSALAT MIT RUCOLA, TOMATE UND EI

- *3 Eier*
- *150 g Fusilli*
- *1 TL Salz*
- *1 Tomate*
- *80 g Rucola*
- *1 TL Honig*
- *50 ml passierte Tomaten*
- *50 ml Sahne*

1 *1,25 Liter **Wasser** in einem Wasserkocher aufkochen. Währenddessen Dressing aus **Honig, passierten Tomaten** und **Sahne** zubereiten.*

2 ***Eier** vorsichtig anstechen und zusammen mit **Fusilli** und **Salz** in einen Topf geben, mit heißem **Wasser** übergießen, 10 Minuten bei mittlerer Hitze und geschlossenem Deckel köcheln lassen und gelegentlich umrühren.*

3 *In der Zwischenzeit **Tomate** würfeln und mit dem **Rucola** in eine Schüssel geben.*

4 ***Fusilli** abtropfen und dazugeben. **Eier** schälen, in Scheiben schneiden und ebenfalls dazugeben.*

5 ***Dressing** untermischen und alles auf 2 Teller verteilen.*

BOWLS

Während der globale Siegeszug von Frittiertem, deftigen Soßen und Desserts unsere Nahrung immer fettiger, salziger und somit ungesünder werden ließ, ist der Bowl-Trend ein willkommener Gegensatz zu dieser Entwicklung. Aus der Clean-Eating-Bewegung stammend, stellen Bowls eine Darreichungsform unverarbeiteter Zutaten dar, welche üblicherweise nicht vermengt werden.

Die Bowl ist eine große Schüssel, in der wenig sättigende Gemüse- oder Obstsorten auf einer meist kohlenhydratreichen Grundlage serviert werden. Oft dienen sehr feinkörnige Getreide wie Maisgries, Quinoa, Couscous oder Bulgur als Grundlage, während auf fettige, deftige Soßen meist verzichtet wird. Wenn dir also nach etwas richtig Gesundem ist und du dennoch nicht hungrig bleiben willst, ist die ballaststoffreiche Bowl eine sehr gute Wahl.

Alle Rezepte sind für 2 Personen

BUNTE POLENTA-BOWL

- *½ Gemüsebrühwürfel*
- *200 g Maisgrieß*
- *1 Avocado*
- *1 Paprika*
- *6 Cocktailtomaten*
- *¼ Salatgurke*
- *30 g Macadamianüsse*
- *50 g Parmesan, gerieben*
- *1 TL Thymian, getrocknet*

1 *Herd auf geringe Temperatur stellen und* ***Brühwürfel*** *in einem Topf in 400ml kochendem* ***Wasser*** *auflösen.* ***Maisgrieß*** *nach und nach mit einem Schneebesen einrühren.*

2 *Mit Deckel abdecken und* ***Maisgrieß*** *unter gelegentlichem Umrühren 10 Minuten quellen lassen. Zwischenzeitlich* ***Avocado*** *längs halbieren, entkernen und mit einem Löffel von der Schale trennen.*

3 ***Avocado*** *und* ***Paprika*** *in mundgerechte Stück schneiden,* ***Cocktailtomaten*** *vierteln,* ***Gurke*** *in Scheiben schneiden.*

4 ***Maisgries*** *auf 2 Schüsseln verteilen und* ***Gemüse*** *sowie* ***Macadamianüsse*** *dazugeben. Mit* ***Parmesan*** *und* ***Thymian*** *bestreuen.*

MAIS-BOWL MIT ZIEGENKÄSE UND RUCOLA

- *300 g Mais*
- *1 Tomate*
- *½ Ziegenkäserolle*
- *40 g Rucola*
- *10 Walnusshälften*
- *1 Karotte*
- *1 Prise Kräutersalz*
- *1 Prise Pfeffer*

1 ***Mais*** *auf 2 Schüsseln verteilen.*

2 ***Tomate*** *in mundgerechte Stücke schneiden,* ***Ziegenkäserolle*** *in Scheiben schneiden und beides in die Schüsseln geben.*

3 ***Rucola*** *und* ***Walnüsse*** *dazugeben,* ***Karotte*** *raspeln und dazugeben.*

4 *Mit* ***Kräutersalz*** *und* ***Pfeffer*** *abschmecken.*

FERTIG IN 15 MINUTEN

ZUCCHINI-FETA-BOWL

- *200 g Reis*
- *½ Zucchini*
- *6 Radieschen*
- *100 g Feta*
- *8 Paranüsse*
- *100 g Trauben*

1 *1 Liter* ***Wasser*** *im Wasserkocher aufkochen.* ***Reis*** *mit* ***Salz*** *in einen Topf geben und mit kochendem* ***Wasser*** *übergießen, Deckel aufsetzen und ca. 10 Minuten auf niedriger Stufe köcheln lassen.*

2 *Währenddessen* ***Bratöl*** *in einer Pfanne erhitzen und* ***Zucchini*** *in Scheiben schneiden. Diese anschließend jeweils 1 Minute auf jeder Seite auf hoher Temperatur anbraten.*

3 ***Radieschen*** *halbieren,* ***Feta*** *würfeln und beiseite legen.*

4 ***Reis*** *abgießen und auf 2 Bowls verteilen. Anschließend mit* ***Zucchini, Feta, Paranüssen, Trauben*** *und* ***Radieschen*** *belegen.*

FERTIG IN 15 MINUTEN

TOFU-BOWL MIT HUMMUS

- *½ Brühwürfel*
- *200 g Bulgur*
- *50 g Rosinen*
- *200 g marinierter Tofu*
- *1 Avocado*
- *½ Gurke*
- *1 Tomate*
- *1 EL Zitronensaft*
- *1 Prise Muskat*
- *100 g Hummus*

1 ***Brühwürfel*** *in einer Schüssel in 400ml heißem Wasser auflösen,* ***Bulgur*** *und* ***Rosinen*** *ca. 5 Minuten darin quellen lassen.*

2 *Währenddessen* ***Tofu*** *in Scheiben schneiden und 5 Minuten anbraten, gelegentlich wenden.*

3 ***Bulgur*** *auf 2 Schüsseln verteilen.* ***Avocado, Gurke*** *und* ***Tomate*** *in feine Scheiben schneiden und auf den* ***Bulgur*** *legen.* ***Tofu*** *ebenfalls hinzufügen.*

4 ***Bowls*** *mit* ***Muskat*** *und* ***Zitronensaft*** *abschmecken, anschließend* ***Hummus*** *dazugeben.*

MIE-BOWL MIT EI

- 300 g Brokkoli
- 100 g Champignons
- 1 Paprika
- ½ EL Salz
- 2 Eier
- 150 g Instant-Mie-Nudeln
- Erdnuss- oder Teriyaki-Soße

1. 2 Liter **Wasser** im Wasserkocher aufkochen. Zwischenzeitlich **Brokkoli, Champignons** und **Paprika** waschen und in mundgerechte Stücke schneiden.
2. Topf mit **1 Liter heißem Wasser** füllen und **Salz** dazugeben. **Brokkoli** und **Eier** etwa 10 Minuten bei mittlerer Hitze und geschlossenem Deckel darin köcheln lassen.
3. Währenddessen **Mie-Nudeln** in eine Schüssel geben, mit restlichem heißen Wasser übergießen und ca. 5 Minuten ziehen lassen.
4. Anschließend Wasser abgießen und **Mie-Nudeln** auf 2 Bowls verteilen.
5. **Eier** schälen und in Scheiben schneiden, anschließend mit **Gemüse** in die Bowl geben und **Soße** hinzugeben.

FERTIG IN 15 MINUTEN

LACHS-BOWL

- *200 g Reis*
- *1 TL Salz*
- *2 EL Bratöl*
- *250 g Lachs*
- *1 Avocado*
- *1 Mango*
- *2 EL Sojasoße*
- *2 EL gerösteter Sesam*

1. *1 Liter **Wasser** im Wasserkocher aufkochen. **Reis** mit **Salz** in einen Topf geben und mit kochendem Wasser übergießen, Deckel aufsetzen und ca. 10 Minuten auf niedriger Stufe köcheln lassen.*

2. ***Bratöl** bei hoher Temperatur in einer Pfanne erhitzen. **Lachs** kurz abwaschen, abtupfen und anschließend von beiden Seiten jeweils 3 Minuten scharf anbraten.*

3. *Währenddessen **Avocado** und **Mango** schälen und in Scheiben schneiden.*

4. ***Reis** abgießen und auf 2 Bowls verteilen. **Lachs, Avocado** und **Mango** hinzufügen.*

5. *Bowls mit **Sojasoße** abschmecken und mit **Sesam** bestreuen.*

FERTIG IN 15 MINUTEN

HEIDELBEER-BOWL MIT BANANE

- *6 EL Haferkleie*
- *2 EL Haferflocken*
- *2 EL Mandeln, gerieben*
- *150 ml Milch*
- *6 EL Joghurt*
- *1 Banane*
- *100 g Heidelbeeren*
- *2 EL Sonnenblumenkerne*
- *2 EL Kürbiskerne*

1 ***Haferflocken*, *Haferkleie*** *und* ***geriebene Mandeln*** *in* ***Milch*** *und* ***Joghurt*** *einrühren. Kurz quellen lassen bis eine dickflüssige Masse entsteht.*

2 *Zwischenzeitlich* ***Banane*** *in Scheiben schneiden und beiseite legen.*

3 *Danach Masse auf 2 Bowls verteilen und* ***Bananenscheiben*** *zusammen mit* ***Heidelbeeren*, *Sonnenblumen- und Kürbiskernen*** *auf die Bowl geben.*

HIMBEER-KOKOS-MILCHREIS

- *250 g Instant-Milchreis*
- *600 ml Milch*
- *400 ml Kokosmilch*
- *2 EL Honig*
- *100 g Himbeeren*
- *2 EL Kokosraspeln*

1 ***Milch, Kokosmilch*** *und* ***Honig*** *in einen Topf gießen und zunächst bei hoher Temperatur erhitzen.* ***Milchreis*** *dazugeben und 10 Minuten unter gelegentlichem Umrühren bei mittlerer Temperatur garen lassen.*

2 *Milchreis auf 2 Schüsseln verteilen und mit* ***Himbeeren*** *und* ***Kokosraspeln*** *garnieren.*

13:88

ÜBERBACKENES

In diesem Kapitel findest du anfängerfreundliche Gerichte, die unkompliziert zubereitet werden können und nur wenige Minuten im Ofen brauchen. Ich rate dir hierbei, deinen Ofen nicht länger als wenige Minuten vorzuheizen. Bei vielen modernen Öfen ist dies auch gar nicht nötig. Zudem ist der Ofen noch für einige Minuten heiß wenn du ihn ausschaltest. In der Zeit, in der du dein Ofengericht vorbereitest, kannst du den Ofen vorheizen.

Da es sich bei meinen Ofenrezepten meist um kleine Gerichte wie Flammkuchen oder Toasts handelt, solltest du besonders aufpassen, dass diese nicht verbrennen. Ist die gewünschte Temperatur in einem Ofen erst einmal erreicht, sind gerade Flammkuchen meist schneller als vermutet fertig. Für die Flammkuchen und Enchiladas verwende ich bereits fertig zubereitete Tortilla-Fladen aus dem Supermarkt.

Alle Rezepte sind für 2 Personen

FLAMMKUCHEN MIT FEIGEN UND GORGONZOLA

- 2 Fertig-Tortillafladen
- 80 g Frischkäse
- 2 Feigen
- 80 g Gorgonzola
- 80 g Walnusskerne

1 Den Backofen auf 200° C Oberhitze vorheizen. Währenddessen ein Backblech mit Backpapier belegen und **Tortillafladen** darauf auslegen.

2 Fladen mit **Frischkäse** bestreichen.

3 **Feigen** in Scheiben schneiden und **Fladen** damit belegen. Danach **Gorgonzola** würfeln, **Walnüsse** hacken und beides ebenfalls auf dem **Fladen** verteilen.

4 **Fladen** 5 Minuten nebeneinander im Ofen backen. Alternativ mit Umluft-Funktion auf 2 Backblechen untereinander.

FLAMMKUCHEN MIT BIRNE UND PREISELBEEREN

- 2 Fertig-Tortillafladen
- 80 g Schmand
- 1 EL Honig
- 1 Birne
- 80 g Gorgonzola
- 80 g Schinkenwürfel
- 2 EL Preiselbeeren aus dem Glas

1 Den Backofen auf 200° C Oberhitze vorheizen. Währenddessen ein Backblech mit Backpapier belegen und **Tortillafladen** darauf auslegen.

2 **Schmand** mit **Honig** mischen und **Fladen** damit bestreichen. Danach **Birne** in Streifen schneiden und **Fladen** damit belegen.

3 **Gorgonzola** würfeln und mit **Schinkenwürfel** und **Preiselbeeren** auf den **Fladen** verteilen.

4 **Fladen** 5 Minuten nebeneinander im Ofen backen. Alternativ mit Umluft-Funktion auf 2 Backblechen untereinander.

APFEL-FLAMMKUCHEN MIT NORDSEEKRABBEN

- *2 Fertig-Tortillafladen*
- *80 g Frischkäse*
- *1 EL Honig*
- *1 Apfel*
- *150 g Nordseekrabben, gekocht und geschält*
- *1 EL Zitronensaft*
- *1 EL Dill (optional)*

1 *Den Backofen auf 200° C Oberhitze vorheizen. Währenddessen ein Backblech mit Backpapier belegen und **Tortillafladen** darauf auslegen.*

2 ***Frischkäse** mit **Honig** mischen und **Fladen** damit bestreichen. Danach **Apfel** in dünne Scheiben schneiden und **Fladen** damit belegen.*

3 ***Fladen** mit **Nordseekrabben** belegen und mit **Zitronensaft** verfeinern.*

4 ***Fladen** 5 Minuten nebeneinander im Ofen backen. Alternativ mit Umluft-Funktion auf 2 Backblechen untereinander. Anschließend optional mit **Dill** bestreuen.*

ENCHILADAS MIT SCHINKEN UND BOHNEN

- *2 Frühlingszwiebeln*
- *50 g Frischkäse*
- *130 g Bohnen aus der Dose*
- *130 g Mais aus der Dose*
- *2 Fertig-Tortillafladen*
- *2 Scheiben Kochschinken*
- *2 EL Chilisoße*
- *2 Scheiben Emmentaler*

1. *Das Backblech mit Backpapier belegen und den Backofen auf 200°C vorheizen.*
2. ***Frühlingszwiebeln** in feine Ringe schneiden und anschließend mit **Frischkäse**, **Bohnen** und **Mais** mischen.*
3. *Mischung auf den **Tortillafladen** verteilen, anschließend mit **Schinken** belegen und **Chilisoße** darüber verteilen.*
4. *Untere Enden der **Tortillafladen** einschlagen, das Ganze einrollen und mit jeweils einer Scheibe **Emmentaler** belegen.*
5. ***Enchiladas** mit Schaschlikspießen befestigen und 10 Minuten überbacken.*

PIZZA-TOASTS

- *4 Scheiben Toastbrot*
- *8 EL passierte Tomaten*
- *1 EL Pizzagewürz*
- *1 Prise Pfeffer*
- *4 Scheiben Salami*
- *4 Champignons*
- *1 Tomate*
- *16 Oliven*
- *60 g Gouda, gerieben*
- *2 Frühlingszwiebeln*

1 *Den Backofen auf 170 °C vorheizen. Zwischenzeitlich ein Backblech mit Backpapier belegen und Toasts darauflegen.*

2 *Jeden **Toast** mit 2 EL passierten **Tomaten** bestreichen, **Pizzagewürz** und **Pfeffer** darauf streuen und mit je einer Scheibe **Salami** belegen.*

3 ***Champignons** und **Tomate** in feine Scheiben schneiden und auf den **Toasts** verteilen. **Oliven** hinzufügen und mit **Gouda** bestreuen.*

4 ***Toasts** anschließend für 8 Minuten überbacken. Währenddessen **Frühlingszwiebel** hacken und hinterher auf den **Toasts** verteilen.*

NACHOS MIT BOHNEN, PAPRIKA UND OLIVEN

- *150 g Tortilla-Chips*
- *100 g Bohnen*
- *½ Paprika*
- *80 g Cheddar, gerieben*
- *1 TL Butter*
- *2 Knoblauchzehen*
- *200 ml passierte Tomaten*
- *100 ml Sahne*
- *1 Prise Salz*
- *1 TL Kreuzkümmelpulver*
- *1 TL Paprikapulver*
- *1 Frühlingszwiebel*
- *50 g Oliven, in Ringe geschnitten*

1 *Den Backofen auf 170 °C vorheizen, **Tortilla-Chips** und **Bohnen** in eine ofenfeste Form geben.*

2 ***Paprika** klein schneiden und über den **Tortilla-Chips** verteilen. Mit **Cheddar** belegen und 6 Minuten überbacken.*

3 *Währenddessen **Butter** bei hoher Temperatur in einem Topf schmelzen lassen.*

4 ***Knoblauchzehen** über dem Topf auspressen, **passierte Tomaten, Sahne, Salz, Kreuzkümmel- und Paprikapulver** dazugeben. Alles 5 Minuten bei mittlerer Temperatur und gelegentlichem Umrühren köcheln lassen. Danach als Dip zu den Nachos servieren.*

5 ***Frühlingszwiebeln** klein hacken und diese mit **Oliven** über die Nachos geben.*

FERTIG IN 15 MINUTEN

FISCH UND MEERESFRÜCHTE

Damit die tiefgekühlten Varianten von Fisch und Meeresfrüchten gelingen, solltest du sie rechtzeitig auftauen. Im Gegensatz zu Fleisch, das vor dem Braten auch im Innern auf Zimmertemperatur erwärmt sein sollte, ist dies bei Fisch nicht ganz so streng zu verstehen. Ist das Innere während dem Bratvorgang noch leicht kalt, kann es sogar sein, dass beispielsweise Lachs oder Thunfisch sogar etwas besser gelingen. Da die Kerntemperatur von Fisch beim Durchbraten geringer ausfallen darf und die Stücke meist dünner als vergleichbare Fleischportionen sind, wird diese meist schneller erreicht. Fisch sollte zuerst auf der Hautseite angebraten werden – wenn die Haut entfernt wurde. In diesem Fall erkennst du die Hautseite daran, dass sie sehr glatt ist. Je nach Geschmack kannst du den Fisch leicht glasig oder durchgebraten servieren. Bei entsprech-ender Qualität lässt sich Lachs und Thunfisch auch roh verzehren.

Alle Rezepte sind für 2 Personen

THUNFISCH IN SESAM MIT MANGO UND AVOCADO

- *1 Avocado*
- *1 Mango*
- *2 EL Limettensaft*
- *2 EL Sesamöl*
- *300 g Thunfischsteaks*
- *2 EL Teriyakisoße*
- *4 EL Sesamsamen*
- *½ EL Honig*
- *2 EL Sojasoße*

1 ***Avocado*** *und* ***Mango*** *schälen, in kleine Würfel schneiden und mit* ***Limettensaft*** *beträufeln.*

2 ***Sesamöl*** *in einer Pfanne erhitzen. Währenddessen* ***Thunfischsteaks*** *in* ***Teriyakisoße*** *und* ***Sesam*** *wenden, anschließend von jeder Seite 2 Minuten scharf anbraten, sodass sie innen roh bleiben.*

3 *Zwischenzeitlich* ***Honig*** *mit* ***Limettensaft*** *und* ***Sojasoße*** *mischen und* ***Thunfischsteaks*** *damit ablöschen.* ***Thunfischsteaks*** *mit* ***Mango-Avocado-Würfeln*** *auf 2 Tellern servieren.*

FERTIG IN 15 MINUTEN

MAKRELE AN FENCHEL-BIRNEN-GEMÜSE

- 1 TL Gemüsebrühe
- 1 Prise weißer Pfeffer
- 1 Prise Zimt
- 100 ml Sahne
- 4 EL Weißwein
- 1 Fenchelknolle
- 1 Birne
- 2 Räuchermakrelenfilets
- 1 EL Zitronensaft

1 **Gemüsebrühe, weißen Pfeffer** und **Zimt** mit **Sahne, Weißwein** sowie 100 ml **Wasser** mischen und in die Schmorpfanne geben, diese auf hohe Temperatur stellen.

2 Währenddessen Strunk aus dem **Fenchel** entfernen, in dünne Scheiben schneiden und 10 Minuten bei mittlerer Hitze und geschlossenem Deckel in der Schmorpfanne garen.

3 Unterdessen **Birne** in Scheiben schneiden, auf den Fenchel geben und mitgaren.

4 **Makrelenfilets** auf 2 Teller verteilen, mit **Zitronensaft** beträufeln und mit Fenchel-Birnen-Gemüse servieren.

MATJES MIT APFEL-ZWIEBEL-QUARK

- 400 g Quark (20 oder 40 % Fett i. Tr.)
- 50 ml Sahne
- 1 TL Sahnemeerrettich
- 1 Zwiebel
- 1 Apfel
- 4 Essiggurken
- 4–10 Pellkartoffeln vom Vortag, alternativ Toast oder Baguette
- 4 Matjesfilets

1 **Quark, Sahne** und **Sahnemeerrettich** in einer Schüssel vermengen.

2 **Zwiebel** schälen, in feine Würfel schneiden und dazugeben.

3 **Apfel** und **Essiggurken** in kleine Stücke schneiden, dazugeben und alles durchmischen.

4 **Kartoffeln** pellen oder **Matjesfilets** alternativ mit Toast oder Baguette auf 2 Tellern servieren, **Quark** dazugeben.

FERTIG IN 15 MINUTEN

KABELJAU AN ORANGEN-VINAIGRETTE

- *2 EL Bratöl*
- *300 g Kabeljaufilet*
- *1 Paprika*
- *4 Frühlingszwiebeln*
- *2 Orangen*
- *4 Scheiben Baguette*
- *3 EL Olivenöl*
- *3 EL Weißweinessig*
- *½ TL Senf*
- *1 EL Zitronensaft*
- *1 Prise Salz*
- *1 Prise weißer Pfeffer*

1. *1 EL **Bratöl** in einer Pfanne erhitzen, **Kabeljaufilet** jeweils 4 Minuten von jeder Seite darin anbraten.*

2. *Zwischenzeitlich **Paprika** in feine Streifen schneiden und dazugeben, **Frühlingszwiebel** in feine Ringe schneiden und dazugeben.*

3. ***Orangen** schälen, in dünne Scheiben schneiden und auf 2 Tellern auslegen.*

4. ***Olivenöl** mit **Weißweinessig**, **Senf**, **Zitronensaft**, **Salz** und **Pfeffer** zu einer Vinaigrette mischen.*

5. ***Kabeljau** und **Paprika** auf den **Orangen** servieren, alles mit **Frühlingszwiebelringen** bestreuen und mit **Vinaigrette** beträufeln. Dazu **Baguette** servieren.*

TOMATEN-KNOBLAUCH-GARNELEN

- 5 EL Bratöl
- 3–4 Knoblauchzehen
- 300 g Garnelen, roh und geschält
- 3 große Tomaten
- Pfeffer
- Chilli nach Belieben
- 1 Baguette
- 2 EL Petersilie, tiefgekühlt

1. **Bratöl** in einer großen Pfanne erhitzen, **Knoblauchzehen** grob hacken, zusammen mit den **Garnelen** in die Pfanne geben und 4 Minuten anbraten.
2. In der Zwischenzeit **Tomaten** in mittelgroße Würfel schneiden, in die Pfanne geben, nach belieben mit **Pfeffer** und **Chilli** würzen und weitere 4 Minuten köcheln.
3. Währenddessen **Baguette** in Scheiben schneiden. Pfanneninhalt auf 2 Tellern servieren und mit **Petersilie** bestreuen.
4. **Bratensatz** als Dip für die Baguette-Scheiben verwenden.

LACHS-SASHIMI MIT MANGO UND FRÜHLINGSZWIEBELN

- *150 g Basmati-Reis*
- *1 TL Salz*
- *250 g Lachsfilets*
- *1 Mango*
- *2 Frühlingszwiebeln*
- *2 EL Reisessig*
- *2 EL Sojasoße*

1. *500 ml **Wasser** im Wasserkocher aufkochen, Zwischenzeitlich **Reis** und **Salz** in einen Topf geben.*
2. *Heißes **Wasser** in den Topf gießen und 11 Minuten bei mittlerer Hitze und geschlossenem Deckel köcheln lassen.*
3. *Währenddessen **Lachs** schräg in feine Scheiben schneiden und auf eine Platte geben.*
4. ***Mango** schälen, in Streifen schneiden und dazugeben. **Frühlingszwiebel** in etwa 4 cm große Stücke schneiden und ebenfalls auf die Platte geben.*
5. *Am Ende der Kochzeit **Reisessig** und **Sojasoße** unter den **Reis** rühren und auf 2 Schüsseln verteilen.*

FERTIG IN 15 MINUTEN

FLEISCHGERICHTE

Fleisch solltest du unbedingt rechtzeitig vor der Zubereitung auf Zimmertemperatur bringen. Bevor du ein teures Stück Fleisch aus Zeitmangel kalt anbrätst, kannst du ein in Plastik verpacktes Stück für einige Minuten in handwarmes Wasser legen. Ist das Fleisch hierbei gefroren, wird es das Wasser schnell abkühlen und du solltest zügig warmes Wasser nachfüllen. Letztendlich sollte das Fleisch bis auf das Innere ewärmt sein.

Lamm, Pute, Hähnchen, Schwein und Hackfleisch werden anschließend auf mittlerer Hitze durchgebraten, während Steak scharf angebraten wird. Je nachdem, wie du dein Steak bevorzugst, kannst du es mit wenig Fett in einer guten Pfanne anbraten. Anfängern rate ich, ein Steak lieber länger pro Seite zu braten, sodass das es am Ende „medium“ bis „well done“ ist.

Alle Rezepte sind für 2 Personen

STEAK MIT KARTOFFELN UND BRECHBOHNEN

- *300 g Brechbohnen, tiefgekühlt*
- *1 EL Salz*
- *2 EL Bratöl*
- *300 g Rindersteak*
- *4–10 Pellkartoffeln vom Vortag, alternativ Baguette*
- *1 Prise Pfeffer*

1 *1,5 Liter* ***Wasser*** *in einem Wasserkocher aufkochen und anschließend mit* ***Brechbohnen*** *und* ***Salz*** *in einen Topf geben. 12 Minuten bei mittlerer Hitze und geschlossenem Deckel garen lassen.*

2 ***Bratöl*** *in einer Pfanne erhitzen und* ***Rindersteak*** *je nach Dicke etwa 4 Minuten von jeder Seite scharf anbraten. Währenddessen* ***Kartoffeln*** *pellen und 3 Minuten im Topf mit den* ***Brechbohnen*** *erhitzen.*

3 ***Kartoffeln*** *mit* ***Brechbohnen*** *und* ***Steaks*** *auf 2 Teller verteilen. Alles mit* ***Pfeffer*** *und* ***Salz*** *abschmecken. Anstelle der Kartoffeln kann Baguette serviert werden.*

LAMM MIT ROTKOHL UND KNÖDELN

- *8 Mini-Knödel*
- *1 EL Salz*
- *300 g Rotkohl*
- *100 ml Rotwein*
- *2 EL Bratöl*
- *300 g Lammlachs*
- *1 Knoblauchzehe*
- *1 TL Thymian (optional)*
- *1 Prise Pfeffer (optional)*

1 *1,5 Liter **Wasser** in einem Wasserkocher aufkochen und anschließend mit **Mini-Knödeln** und **Salz** in einen Topf geben. 10 Minuten bei geschlossenem Deckel ziehen lassen.*

2 *Parallel **Rotkohl** mit **Rotwein** in einem Topf 10 Minuten bei mittlerer Hitze und geschlossenem Deckel köcheln lassen.*

3 ***Bratöl** in einer Pfanne erhitzen und **Lammlachs** je nach Dicke etwa 3 Minuten von jeder Seite anbraten.*

4 ***Knoblauchzehe** gegen Ende der Bratzeit über der Pfanne auspressen. Falls der **Lammlachs** noch nicht mariniert ist, diesen mit **Thymian**, **Salz** und **Pfeffer** würzen.*

5 ***Rotkohl**, **Mini-Knödel** und **Lammlachs** auf 2 Tellern servieren. Mini-Knödel mit Bratensatz übergießen.*

FRIKADELLEN AN TOMATENREIS

- *150 g Jasminreis*
- *1 TL Salz*
- *400 ml passierte Tomaten*
- *1 TL Gemüsebrühe*
- *1 Zucchini*
- *2 Scheiben Mozzarella*
- *2 Fertig-Frikadellen à 100g*
- *1 EL Petersilie, getrocknet*

1 *1,5 Liter **Wasser** im Wasserkocher zum Kochen bringen. **Jasminreis** mit **Salz** in einen Topf geben, mit heißen **Wasser** übergießen und 11 Minuten bei mittlerer Hitze mit geschlossenem Deckel köcheln lassen.*

2 ***Passierte Tomaten** und **Gemüsebrühe** in einem Topf bei mittlerer Hitze erwärmen, gut durchrühren. Währenddessen **Zucchini** in kleine Würfel schneiden und dazugeben.*

3 ***Mozzarella** in Scheiben schneiden, **Frikadellen** jeweils mit einer Scheibe belegen und im Topf mit den **passierten Tomaten** erwärmen.*

4 ***Fertig-Frikadellen** auf 2 Teller verteilen und restlichen Topfinhalt mit **Reis** mischen.*

5 ***Tomatenreis** zu den **Frikadellen** servieren und alles mit **Petersilie** bestreuen.*

FERTIG IN 15 MINUTEN

PUTENFILETS AN CHAMPIGNON-SAHNE-SOSSE

- 2 EL Bratöl
- 300 g Putenfilets
- 200 g Spätzle
- 1 TL Salz
- 1 Zwiebel
- 150 g Champignons
- 50 ml Weißwein
- 1 Becher Creme Fraiche
- 50 ml Sahne
- 1 Prise Pfeffer

1. 1,5 Liter **Wasser** in einem Wasserkocher aufkochen. Währenddessen **Bratöl** in einer Pfanne erhitzen und **Putenfilets** von beiden Seiten je 2 Minuten scharf anbraten.

2. Zwischenzeitlich **Spätzle** und **Salz** in einen Topf geben, mit heißem **Wasser** übergießen und 10 Minuten bei mittlerer Hitze und geschlossenem Deckel köcheln lassen.

3. Währenddessen **Zwiebel** schälen, fein hacken, zu den **Putenfilets** geben und auf mittlere Hitze stellen. **Champignons** in Scheiben schneiden und ebenfalls dazugeben. Etwa 3 Minuten braten.

4. Alles mit **Weißwein** ablöschen, **Creme Fraiche** und **Sahne** dazugeben, mit **Pfeffer** und **Salz** würzen und 5 Minuten einkochen lassen.

5. **Putenfilets** in **Champignon-Sahne-Soße** auf 2 Tellern mit **Spätzle** servieren.

FERTIG IN 15 MINUTEN

BEEF BURGER

- 2 Burgerbrötchen
- 2 EL Mayonaise
- 2 Scheiben Cheddar
- 1 EL Bratöl
- 250 g Hackfleisch
- 1 Prise Pfeffer
- 1 Prise Kümmel
- ½ Zwiebel (optional)
- ½ Tomate
- 2 Essiggurken
- 4 Salatblätter
- 4 EL Ketchup

1. Ofen auf 150° C vorheizen, **Burgerbrötchen** halbieren, untere Seite mit **Mayo** bestreichen, obere Seite mit **Cheddar** belegen und alles 7 Minuten in den Ofen legen.
2. **Bratöl** in einer Pfanne erhitzen, in der Zwischenzeit **Hackfleisch** auf ein Schneidebrett legen, mit **Pfeffer** und **Kümmel** würzen.
3. 2 **Buletten** formen, indem jeweils 125 g **Hackfleisch** von Hand flach auf dem Schneidebrett ausgedrückt werden. Buletten etwas größer als die Burgerbrötchen formen und dann mit einem großen Messer vom Schneidebrett lösen. Von jeder Seite 3–4 Minuten scharf anbraten.
4. Optional: Zwischenzeitlich **Zwiebel** schälen und in dicke Ringe schneiden, nach dem Wenden der Buletten Zwiebelringe in die Pfanne geben.
5. **Tomate** in Scheiben schneiden, **Essiggurken** längs in Streifen schneiden.
6. **Burgerbrötchen** aus dem Ofen nehmen und Mayo-Seite mit **Salat, Tomate** und **Essiggurke** belegen.
7. **Buletten, Zwiebelringe** und **Salatblätter** hinzufügen, **Ketchup** dazugeben und mit Cheddar-Seite zuklappen.

FERTIG IN 15 MINUTEN

HÄHNCHENINNENFILETS AN PAPRIKA-SAHNE-SOSSE

- 150 g Basmatireis
- 1 TL Salz
- 1 EL Bratöl
- 300 g Hähncheninnenfilets
- 1 Zwiebel
- 1 Paprika
- 1 Knoblauchzehe
- 1 TL Speisestärke
- 2 TL Paprikapulver
- 1 Prise Pfeffer
- 1 Brühwürfel
- 100 ml Sahne

1. 600 ml **Wasser** in einem Wasserkocher zum Kochen bringen. **Reis** mit **Salz** in einen Kochtopf geben, mit heißem **Wasser** übergießen und 11 Minuten bei mittlerer Hitze und geschlossenem Deckel köcheln lassen.

2. **Bratöl** in einer Schmorpfanne erhitzen, danach **Hähncheninnenfilets** 2 Minuten pro Seite scharf darin anbraten.

3. Währenddessen **Zwiebel** schälen, in Ringe schneiden und in die Pfanne geben. **Paprika** würfeln und ebenfalls in die Pfanne geben. **Knoblauchzehe** über der Pfanne auspressen. Mittlere Temperatur einstellen.

4. **Stärke, Paprikapulver, Pfeffer** und **Brühwürfel** in 150 ml kaltem **Wasser** sowie der **Sahne** auflösen und in die Pfanne geben. Alles 6 Minuten garen lassen.

5. **Hähncheninnenfilets** an **Paprika-Sahne-Soße** auf 2 Teller verteilen und mit **Reis** servieren.

AUS EINER PFANNE

Wenn du noch sehr unerfahren in der Küche bist oder gerade in großer Hektik stehst, solltest du dich erstmal an einfacheren Gerichten weiter vorne im Buch versuchen. Ein schnelles Gericht in einer Pfanne zuzubereiten, erfordert ein exaktes Timing beim Verarbeiten der Zutaten. Gute Köche schnippeln Gemüse, während andere Zutaten bereits in der Pfanne braten. Sie arbeiten schnell und kennen die Reihenfolge der zu verarbeitenden Zutaten aus Erfahrung.

Gerichte aus einer Pfanne sind mit einem eher hohen Fettanteil relativ kalorienreich und eignen sich somit als vollwertige, sättigende Gerichte. Reagiert dein Magen gereizt auf fettige Speisen, kannst du versuchen, Bratöle und Butter zu reduzieren. Aber Achtung: Nicht bewegte Zutaten brennen jetzt besonders schnell an – eine hochwertige Pfanne kann hierbei helfen. Am besten wählst du für diese Gerichte eine Schmorpfanne, denn mit geschlossenem Deckel ist dein Gericht schneller gar.

Alle Rezepte sind für 2 Personen

PAK CHOI MIT REISNUDELN

- 1 EL Sesamöl
- 2 Pak Choi Köpfe
- 1 Zwiebel
- 1 TL Gemüsebrühe
- 100 ml Sahne
- 50 ml Weißwein
- 50 g Frischkäse
- ½ TL Senf
- 1 EL Erdnussbutter
- 2 EL Teriyaki-Soße
- 120 g Reisnudeln

1 ***Sesamöl*** *in einer Schmorpfanne erhitzen.* ***Pak Choi*** *in dünne Streifen schneiden und bei mittlerer Temperatur anbraten.* ***Zwiebel*** *schälen, in Ringe schneiden und dazugeben.*

2 ***Gemüsebrühe*** *in einer Tasse in 150 ml heißem* ***Wasser*** *lösen.* ***Sahne, Weißwein, Frischkäse, Senf, Erdnussbutter*** *und* ***Teriyaki-Soße*** *ebenfalls in der Tasse mischen.*

3 *Pfanne mit Inhalt der Tasse ablöschen,* ***Reisnudeln*** *dazugeben und umrühren. Mit geschlossenem Deckel 7 Minuten köcheln lassen, gelegentlich umrühren. Danach auf 2 Tellern servieren.*

FERTIG IN 15 MINUTEN

SPINAT-FRITTATA

- *1 EL Bratöl*
- *250 g Spinat*
- *1 Knoblauchzehe*
- *4 Eier*
- *80 ml Milch*
- *50 g Mehl*
- *3 EL Oliven, in Scheiben*
- *100 g Feta*
- *½ TL Kräutersalz*
- *1 Prise Pfeffer*

1. ***Bratöl** in einer Schmorpfanne erhitzen. **Spinat** 3 Minuten darin dünsten und **Knoblauchzehe** darüber auspressen.*
2. *Währenddessen **Eier** und **Milch** verquirlen, **Mehl** und **Oliven** unterrühren.*
3. ***Feta** zerbröseln und ebenfalls mit der Masse verrühren. **Kräutersalz** und **Pfeffer** einrühren.*
4. ***Eiermasse** in die Pfanne geben und etwa 8 Minuten bei geringer Hitze und geschlossenem Deckel stocken lassen. Danach in Stücke schneiden und auf 2 Tellern servieren.*

FERTIG IN 15 MINUTEN

KRAUTSCHUPFNUDELN

- *1 EL Bratöl*
- *500 g Schupfnudeln*
- *100 g Speckwürfel*
- *1 Zwiebel*
- *500 g Sauerkraut*
- *1 Prise Korianderpulver*
- *1 Prise Kümmelpulver*

1 ***Bratöl*** *in einer Schmorpfanne erhitzen.* ***Schupfnudeln*** *und* ***Speckwürfel*** *ca. 4 Minuten darin scharf anbraten.*

2 *Währenddessen* ***Zwiebel*** *schälen, schneiden, dazugeben und 2 Minuten mitbraten.*

3 ***Sauerkraut, Koriander- und Kümmelpulver*** *untermischen.*

4 *Weitere 5 Minuten bei geschlossenem Deckel und mittlerer Hitze braten, gelegentlich umrühren. Danach auf 2 Tellern servieren.*

HACK-PFANNE MIT PAPRIKA UND ZUCCHINI

- *1 Zwiebel*
- *1 EL Bratöl*
- *1 Paprika*
- *300 g Rinderhackfleisch*
- *1 Zucchini*
- *50 ml Rotwein, trocken*
- *1 EL Ras el Hanout*
- *1 EL Rinderbrühe*
- *300 ml passierte Tomaten*
- *50 ml Sahne*
- *2 Knoblauchzehen*
- *2 EL gehackte Petersilie, gefriergetrocknet*
- *2 Fladenbrote (oder 1 Baguette)*

1. ***Zwiebel** schälen und würfeln.*
2. ***Bratöl** in einer Schmorpfanne erhitzen, währenddessen Paprika in Streifen schneiden.*
3. ***Hackfleisch** 2 Minuten unter Rühren scharf anbraten. **Zwiebel** und **Paprika** dazugeben, **Zucchini** in dünne Scheiben schneiden und dazugeben.*
4. *Pfanne mit **Rotwein** ablöschen, danach **Ras el Hanout, Rinderbrühe, passierte Tomaten** und **Sahne** dazugeben.*
5. *2 **Knoblauchzehen** über der Pfanne auspressen, gut durchrühren und bei mittlerer Hitze und geschlossenem Deckel 5 Minuten weiterköcheln lassen.*
6. *Auf 2 Teller verteilen, mit **Petersilie** bestreuen und mit **Fladenbrot** servieren.*

KARAMELLISIERTER TOFU MIT KIRSCHTOMATEN

- *2 EL Sesamöl*
- *300 g Naturtofu*
- *1 große Zucchini*
- *200 g Kirschtomaten*
- *1 TL Tofugewürz oder Korianderpulver*
- *1 Prise Pfeffer*
- *4 EL Rosinen*
- *4 Scheiben Baguette oder 2 Scheiben Brot*
- *2 EL Hummus*
-

1. ***Sesamöl** in einer Schmorpfanne auf mittlerer Temperatur erhitzen. Währenddessen **Tofu** trocken tupfen, würfeln und in die Schmorpfanne geben.*
2. ***Zucchini** in Scheiben schneiden, **Kirschtomaten** vierteln und beides in die Schmorpfanne geben.*
3. *Anschließend alles mit **Tofugewürz** und **Pfeffer** würzen und **Rosinen** dazugeben. Mit geschlossenem Deckel 8 Minuten schmoren lassen und gelegentlich umrühren.*
4. *Anschließend auf 2 Tellern servieren. Dazu schmeckt **Baguette** oder **Brot** mit **Hummus**.*

GARNELEN-PFANNE MIT BROKKOLI UND KAROTTE

- *2 Karotten*
- *1 Brokkoli*
- *1 EL Hühnerbrühe*
- *1 Prise Ingwerpulver*
- *100 ml Sahne*
- *50 ml Weißwein*
- *1 Knoblauchzehe*
- *200 g Garnelen, geschält und vorgekocht*

1. ***Sesamöl** in einer Schmorpfanne erhitzen. Währenddessen **Karotten** quer halbieren, der Länge nach vierteln und in die Pfanne geben.*
2. ***Brokkoli** in mundgerechte Röschen schneiden und ebenfalls in die Pfanne geben.*
3. ***Hühnerbrühe** und **Ingwerpulver** mit 100 ml warmem **Wasser**, 100 ml **Sahne** und 50 ml **Weißwein** mischen und Pfanne damit ablöschen.*
4. ***Knoblauchzehe** über der Pfanne auspressen und **Garnelen** dazugeben. Bei geschlossenem Deckel 8 Minuten schmoren lassen und gelegentlich umrühren. Danach auf 2 Tellern servieren.*

GEBRATENE PFIFFERLINGE MIT EI

- *1 TL Bratöl*
- *100 g Schinkenwürfel*
- *4 Frühlingszwiebeln*
- *300 g Pfifferlinge aus dem Glas*
- *4 Eier*
- *200 g Crème Fraiche mit Kräutern*
- *1 Prise Pfeffer*
- *1 Prise Salz*
- *2 EL gehackte Petersilie, gefriergetrocknet*
- *1 Baguette*

1. ***Bratöl** und **Schinkenwürfel** in einer großen Pfanne erhitzen. Zwischenzeitlich **Frühlingszwiebeln** aufeinander legen, in feine Ringe schneiden und in die Pfanne geben.*
2. ***Pfifferlinge** mit einem Sieb abgießen, ebenfalls dazugeben und alles bei mittlerer Hitze braten lassen.*
3. *Währenddessen **Eier** mit **Crème Fraiche** verquirlen, mit **Pfeffer** und **Salz** würzen, in die Pfanne geben und umrühren. Alles nun 5 Minuten bei mittlerer Hitze braten und mit anschließend mit **Petersilie** bestreuen.*
4. *Danach auf 2 Teller verteilen. **Baguette** in Scheiben schneiden und dazu servieren.*

KAROTTEN-ZUCCHINI-RÖSTI

- *3–5 Pellkartoffeln vom Vortag*
- *1 Karotte*
- *½ Zucchini*
- *1 Ei*
- *1 EL Mehl*
- *1 TL Salz*
- *2 EL Bratöl*
- *1 EL Petersilie, gerfiergetrocknet*
- *6 EL Joghurt*

1. ***Kartoffeln** pellen und in einer Schüssel mit einer Gabel zerdrücken. **Karotte** und **Zucchini** grob raspeln und dazugeben.*
2. ***Ei, Mehl und Salz** hinzufügen, gut vermengen und überschüssige Flüssigkeit abgießen.*
3. ***Bratöl** in jeweils 2 Pfannen erhitzen, 2 Röstis formen und jeweils 5 Minuten pro Seite bei mittlerer Hitze anbraten.*
4. *Anschließend mit **Petersilie** bestreuen und auf 2 Tellern mit **Joghurt** servieren.*

MAULTASCHEN-PFANNE MIT SPINAT

- 1 EL Bratöl
- 350 g Maultaschen
- 4 Frühlingszwiebeln
- 100 g Kirschtomaten
- 250 g Spinat
- 150 g Schmand
- 2 EL Schnittlauch, gefroren
- 1 Prise Pfeffer
- 1 Prise Salz

1. ***Bratöl*** *in einer großen Schmorpfanne erhitzen. Zwischenzeitlich* ***Maultaschen*** *jeweils in 4 Streifen schneiden und anbraten.*

2. ***Frühlingszwiebeln*** *aufeinander legen, in Streifen schneiden und in die Pfanne geben.*

3. ***Kirschtomaten*** *halbieren und mit* ***Spinat, Schmand, Schnittlauch, Pfeffer*** *und* ***Salz*** *ebenfalls dazugeben.*

4. *Etwa 5 Minuten mit geschlossenem Deckel schmoren lassen, gelegentlich umrühren. Danach auf 2 Tellern servieren.*

GNOCCHI-PFANNE MIT PAPRIKA UND AVOCADO

- 2 EL Bratöl
- 400 g Gnocchi, aus dem Kühlregal
- 1 Zwiebel
- 1 Paprika
- 1 Tomate
- 50 ml Rotwein
- 300 ml passierte Tomaten
- 100 ml Sahne
- ½ TL Kräutersalz
- 1 Avocado
- 50 g Feta
- 2 EL Petersilie, tiefgekühlt

1. **Bratöl** in einer Schmorpfanne erhitzen und **Gnocchi** scharf darin anbraten. **Zwiebel** schälen und würfeln, **Paprika** würfeln und beides zu den Gnocchi geben.
2. Anschließend **Tomate** würfeln und dazugeben.
3. Pfanne mit **Rotwein** ablöschen, **passierte Tomaten**, **Sahne** und **Kräutersalz** unterrühren.
4. Danach **Avocado** würfeln und in die Pfanne geben. Alles 6 Minuten bei mittlerer Temperatur köcheln lassen.
5. Auf 2 Teller verteilen, **Feta** darüber zerbröseln und mit **Petersilie** bestreuen.

FERTIG IN 15 MINUTEN

CURRY

Ähnlich wie bei den Gerichten aus einer Pfanne, ist Curry ebenfalls nicht für absolute Anfänger geeignet. Auch hier kommt es darauf an, verschiedene Handgriffe gut zu koordinieren, sodass alles rechtzeitig fertig wird und nichts anbrennt. Wenn es also sehr schnell gehen muss und du unter großer Hektik stehst, versuche dich erstmal an einfacheren Rezepten weiter vorne im Buch.

Der Name des Gerichts leitet sich von Currypulver ab, einer Gewürzmischung, die in Anlehnung an die indische Küche von den Briten des 18. Jahrhunderts nachempfunden und weiterentwickelt wurde. Ganz im Sinne der schnellen Küche war es Ziel, mit einer bereits fertigen, immer griffbereiten Gewürzmischung Gerichte zu kreiren. Nun war der Siegeszug des „Curry“ nicht mehr zu stoppen.

Wer denkt, Curry könne nur mit Reis serviert werden, irrt. Auch für die Rezepte in diesem Buch gilt: Wer gerade keinen Reis zur Hand hat, kann das Curry problemlos mit Brot, Kartoffeln vom Vortag oder sogar Nudeln probieren. In Bezug auf Reis wird in den folgenden Gerichten zu den schnell garenden Varianten des Basmati- oder Jasminreis gegriffen, welche innerhalb von 10–12 Minuten verzehrfertig sind.

Alle Rezepte sind für 2 Personen

BROKKOLI-CURRY MIT MIE-NUDELN

- 1 Karotte
- 1 Zwiebel
- 4 Champignons
- 200 g Brokkoli
- 1 Knoblauchzehe
- 1 TL Gemüsebrühe oder 1 Brühwürfel
- 1 TL Currypulver
- ½ TL Ingwerpulver
- 400 ml Kokosmilch
- 1 TL Erdnussbutter
- 150 g Instant-Mie-Nudeln
- 1 EL Salz

1. *1,5 Liter **Wasser** in einem Wasserkocher aufkochen. Währenddessen **Karotte** in dünne Scheiben schneiden, in eine große Schmorpfanne geben und zunächst auf hoher Temperatur erhitzen.*
2. ***Zwiebel** schälen, in grobe Ringe schneiden und dazugeben.*
3. ***Champignons** und **Brokkoli** klein schneiden und ebenfalls dazugeben, **Knoblauchzehe** darüber auspressen.*
4. ***Gemüsebrühe, Curry- und Ingwerpulver** mit 100 ml heißem **Wasser** zu einer **Currybrühe** anrühren und Pfanne damit ablöschen.*
5. ***Currybrühe, Kokosmilch** und **Erdnussbutter** in die Schmorpfanne geben, umrühren und 7 Minuten bei mittlerer Hitze und geschlossenem Deckel garen.*
6. *In der Zwischenzeit **Mie-Nudeln** in eine Schüssel geben, mit dem restlichen heißen **Wasser** und **Salz** übergießen und 5 Minuten ziehen lassen.*
7. ***Curry** auf 2 Teller verteilen und mit **Mie-Nudeln** servieren.*

PILZ-CURRY MIT MIE-NUDELN

- *1 TL Butter*
- *12 Champignons*
- *4 Frühlingszwiebeln*
- *1 Knoblauchzehe*
- *1 TL Hühnerbrühe*
- *1 TL Currypulver*
- *150 g Mais aus der Dose*
- *400 ml Kokosmilch*
- *150 g Instant-Mie-Nudeln*
- *1 EL Salz*

1 *1,5 Liter **Wasser** in einem Wasserkocher aufkochen. Währenddessen **Butter** bei mittlerer Temperatur in einer Schmorpfanne erhitzen.*

2 ***Champignons** vierteln, **Frühlingszwiebeln** in Ringe schneiden und beides in die Schmorpfanne geben, **Knoblauchzehe** darüber auspressen.*

3 ***Hühnerbrühe** mit 100 ml heißem **Wasser** anrühren und ebenfalls in die Pfanne geben.*

4 ***Currypulver, Mais** und **Kokosmilch** in die Pfanne geben, umrühren und 6 Minuten mit geschlossenem Deckel garen.*

5 *In der Zwischenzeit **Mie-Nudeln** in eine Schüssel geben und mit dem restlichen heißen Wasser übergießen. Mit **Salz** 5 Minuten ziehen lassen.*

6 ***Curry** auf 2 Tellern anrichten, **Mie-Nudeln** abtropfen und dazu servieren.*

LEICHTES FISCH-CURRY MIT SPINAT

- 1 EL Bratöl
- 1 Karotte
- 250 g Kabeljaufilet, aufgetaut oder frisch
- 4 Frühlingszwiebeln
- 200 g Spinat
- 1 Knoblauchzehe
- 1 TL Gemüsebrühe oder 1 Brühwürfel
- 1 TL Currypulver
- ½ TL Ingwerpulver
- 400 ml Kokosmilch

1 ***Bratöl*** *in einer großen Schmorpfanne zunächst auf hoher Temperatur erhitzen.* ***Karotte*** *in Scheiben schneiden und in die Pfanne geben.*

2 ***Kabeljau*** *in mundgerechte Stücke schneiden und dazugeben.*

3 ***Frühlingszwiebeln*** *in feine Ringe schneiden und mit dem* ***Spinat*** *ebenfalls dazugeben.* ***Knoblauchzehe*** *über der Pfanne auspressen.*

4 ***Gemüsebrühe, Curry- und Ingwerpulver*** *in 100 ml heißem* ***Wasser*** *anrühren und dazugeben.*

5 ***Kokosmilch*** *dazugießen und 7 Minuten bei mittlerer Hitze und geschlossenem Deckel garen. Danach auf 2 Tellern servieren.*

KICHERERBSEN-CURRY MIT ZUCCHINI

- *150 g Jasmin-Reis*
- *1 TL Salz*
- *1 große Zucchini*
- *1 Paprika*
- *1 Zwiebel*
- *400 ml Kokosmilch*
- *1 EL Currypulver*
- *1 EL Gemüsebrühe*
- *250 g Kichererbsen, aus der Dose*
- *1 Knoblauchzehe*

1 *500 ml **Wasser** im Wasserkocher aufkochen. Anschließend in einen Topf geben. **Reis** und **Salz** dazugeben und mit geschlossenem Deckel 11 Minuten bei mittlerer Hitze köcheln lassen.*

2 *Zwischenzeitlich **Zucchini** und **Paprika** in Scheiben, **Zwiebel** in grobe Ringe schneiden, alles in eine Schmorpfanne geben und 5 Minuten bei mittlerer Temperatur anbraten.*

3 ***Kokosmilch** mit **Currypulver** und **Gemüsebrühe** vermischen, in die Schmorpfanne geben.*

4 ***Kichererbsen** in die Pfanne geben, **Knoblauchzehe** darüber auspressen und 5 Minuten bei mittlerer Hitze und geschlossenem Deckel köcheln lassen.*

5 ***Curry** auf 2 Teller verteilen und mit **Reis** servieren.*

LINSEN-CURRY MIT STAUDENSELLERIE

- *4 Stangen Staudensellerie*
- *150 g Jasmin-Reis*
- *1 TL Salz*
- *1 TL Hühnerbrühe oder 1 Brühwürfel*
- *2 TL Currypulver*
- *2 TL Paprika-Pulver*
- *250 g Linsen aus der Dose*
- *400 ml Kokosmilch*
- *6 EL Naturjoghurt*

1 *500 ml **Wasser** in einem Wasserkocher aufkochen. Zwischenzeitlich **Sellerie** schälen, in dünne Scheiben schneiden und in einen Topf geben.*

2 ***Reis** und **Salz** in einen weiteren Topf geben, heißes **Wasser** dazugießen und mit geschlossenem Deckel 11 Minuten bei mittlerer Hitze köcheln lassen.*

3 *Währenddessen **Hühnerbrühe, Curry- und Paprikapulver** in 100 ml heißem **Wasser** anrühren.*

4 ***Sellerie** und **Linsen** in **Kokosmilch** und **Brühe-Mischung** bei mittlerer Hitze und geschlossenem Deckel 8 Minuten köcheln lassen.*

5 ***Curry** auf 2 Tellern anrichten und mit **Reis** sowie jeweils 3 EL **Joghurt** servieren.*

TOMATEN-CURRY MIT FALAFELN

- *1 Brokkoli*
- *400 ml passierte Tomaten*
- *1 Zwiebel*
- *1 TL Butter*
- *1 EL Currypulver*
- *1 EL Gemüsebrühe*
- *200 ml Kokosmilch*
- *2 Knoblauchzehen*
- *300 g Falafelbällchen aus dem Kühlregal*

1 ***Passierte Tomaten*** *in einer Schmorpfanne erhitzen.* ***Brokkoli*** *klein schneiden und dazugeben. Alles etwa 10 Minuten bei mittlerer Temperatur erhitzen und dabei gut durchrühren.*

2 ***Zwiebel*** *fein hacken und dazugeben.*

3 *Zwischenzeitlich* ***Currypulver, Gemüsebrühe*** *und* ***Kokosmilch*** *untermischen,* ***Knoblauchzehen*** *darüber auspressen.*

4 *Währenddessen* ***Falafelbällchen*** *in einer weiteren Pfanne 3 Minuten gleichmäßig scharf anbraten.*

5 ***Curry*** *auf 2 Teller verteilen und mit* ***Falafeln*** *servieren.*

PUTEN-ANANAS-CURRY MIT REIS

- *200 g Putenbrust*
- *1 EL Bratöl*
- *150 g Jasmin-Reis*
- *1 TL Salz*
- 4 Frühlingszwiebeln
- ½ Paprika
- *100 g Ananasstückchen, aus der Dose*
- 1 TL Hühnerbrühe
- 3 TL Currypulver
- ½ TL Ingwerpulver
- 200 ml Kokosmilch

1 *500 ml* ***Wasser*** *in einem Wasserkocher aufkochen. In der Zwischenzeit* ***Putenbrust*** *in mundgerechte Streifen schneiden und mit* ***Bratöl*** *in einer Schmorpfanne anbraten.*

2 **Reis** und **Salz** in einen Topf geben, mit 400 ml heißem **Wasser** übergießen und mit geschlossenem Deckel 11 Minuten bei mittlerer Hitze köcheln lassen.

3 **Paprika** klein schneiden und in die Schmorpfanne geben. **Frühlingszwiebeln** in Ringe schneiden und mit **Ananasstückchen** ebenfalls in die Schmorpfanne geben.

4 **Knoblauchzehe** mit einer **Knoblauchpresse** über der Pfanne auspressen.

5 **Hühnerbrühe, Curry- und Ingwerpulver** in **Kokosmilch** anrühren und Schmorpfanne damit ablöschen, umrühren und 9 Minuten bei mittlerer Hitze köcheln lassen.

6 **Curry** *auf 2 Tellern anrichten und mit Reis servieren.*

BLUMENKOHL-CURRY MIT REIS

- 1 Zwiebel
- 150 g Jasmin-Reis
- 1 TL Salz
- 1 TL Gemüsebrühe oder 1 Brühwürfel
- 2 TL Currypulver
- ½ TL Ingwerpulver
- 500 g Blumenkohl
- 150 g Erbsen aus der Dose
- 400 ml Kokosmilch
- 6 EL Naturjoghurt

1. 700 ml **Wasser** in einem Wasserkocher aufkochen. Währenddessen **Zwiebel** schälen und in grobe Ringe schneiden.
2. 500 ml heißes **Wasser** in einen Topf geben, **Reis** und **Salz** dazugeben und mit geschlossenem Deckel 11 Minuten bei mittlerer Hitze köcheln lassen.
3. Währenddessen **Gemüsebrühe, Curry- und Ingwerpulver** in 200 ml heißem **Wasser** anrühren.
4. **Blumenkohl** in kleine Röschen schneiden und mit **Zwiebel** und **Erbsen** in einer **Schmorpfanne** bei mittlerer Hitze und geschlossenem Deckel 9 Minuten in **Kokosmilch** und **Brühe-Mischung** köcheln lassen.
5. **Curry** auf 2 Tellern anrichten und mit **Reis** sowie jeweils 3 EL **Joghurt** servieren.

BONUS:

FERTIG IN 10 MINUTEN

COUSCOUS, BULGUR UND SALATE

In Salaten kann mehr stecken als lediglich eine Vorspeise oder Beilage – warum nicht einmal einen großen Salat mit reichhaltiger Soße als schnelle Hauptmahlzeit versuchen? Als vollwertige Ergänzung findest du in diesem Kapitel auch Salate mit Couscous. Dieser besteht meist aus Hartweizengrieß und ist damit dem Nudelsalat sehr ähnlich. Da Couscous nur knapp 10 Minuten in heißem Wasser quellen muss, stellt er die ideale Kohlenhydrat-Basis zur Verlängerung eines gewöhnlichen Salats dar. Hast du noch Feldsalat, Gurke oder Rucola übrig, kannst du damit den Grünanteil des Couscous-Salats erhöhen. Das gleiche gilt natürlich auch für Paprika, Zucchini oder Tomate.

Alle Rezepte sind für 2 Personen

BUNTER COUSCOUS MIT ROSINEN

- 1 Gemüsebrühwürfel
- 200 g Couscous
- 3 EL Rosinen
- 1 Paprika
- ¼ Salatgurke
- 1 Tomate
- 2 EL Olivenöl

1 **Brühwürfel** in 400 ml kochendem Wasser auflösen. **Couscous** zusammen mit Rosinen 8 Minuten darin quellen lassen.

2 **Paprika**, **Salatgurke** und **Tomate** waschen und in kleine Würfel schneiden.

3 Anschließend zusammen mit **Rosinen** unter das **Couscous** mischen.

4 **Couscous** auf 2 Teller oder Schüsseln verteilen und mit **Olivenöl** übergießen.

KICHERERBSEN-SALAT MIT ARTISCHOCKEN

- *250 g Kichererbsen, aus der Dose*
- *100 g Artischocken, in Öl eingelegt*
- *50 g Oliven*
- *1 Paprika*
- *1 Tomate*
- *½ Zwiebel*
- *2 EL Olivenöl*
- *2 EL Balsamessig*
- *1 EL Koriander, frisch gehackt*

1. ***Kichererbsen, Artischocken*** *und* ***Oliven*** *abgießen und anschließend in eine Schüssel geben.*

2. ***Paprika*** *und* ***Tomate*** *in mundgerechte Stücke schneiden,* ***Zwiebel*** *in Ringe schneiden und ebenfalls dazugeben.*

3. ***Olivenöl*** *mit* ***Balsamessig*** *vermengen, dazugeben und alles gut durchmischen.*

4. *Zubereitung auf 2 Schalen verteilen,* ***Koriander*** *fein hacken und* ***Salate*** *damit bestreuen.*

FRUCHTIGER GARNELEN-BULGUR

- ½ Gemüsebrühwürfel
- 2 TL Ras el Hanout Gewürzmischung
- 200 g Couscous
- 50 g Rosinen
- 1 reife Mango
- 200 g vorgegarte, geschälte Garnelen
- 2 EL gehackte Petersilie, tiefgekühlt

1. **Brühwürfel** in 400 ml kochendem Wasser auflösen. **Gewürzmischung** untermischen.
2. **Couscous** und **Rosinen** dazugeben und 8 Minuten quellen lassen.
3. Zwischenzeitlich **Mango** schälen, würfeln und zusammen mit **Garnelen** unter das **Couscous** mischen.
4. Alles auf 2 Teller oder Schüsseln verteilen und mit **Petersilie** bestreuen.

FERTIG IN 15 MINUTEN

HÄHNCHENSALAT MIT GURKE UND DATTELTOMATEN

- 2 EL Bratöl
- 300 g Hähncheninnenfilet
- ½ Eisbergsalat
- ½ Gurke
- 12 Datteltomaten
- 3 EL Balsamessig

1 ***Bratöl*** *in einer Pfanne erhitzen und* ***Hähncheninnenfilet*** *etwa 3 Minuten pro Seite scharf darin anbraten.*

2 *Währenddessen* ***Eisbergsalat*** *und* ***Gurke*** *schneiden und in eine Schüssel geben.* ***Datteltomaten*** *halbieren und dazugeben.*

3 ***Hähncheninnenfilet*** *in Streifen schneiden, mit* ***Salz*** *und* ***Pfeffer*** *würzen und in die Schüssel geben. Gut durchmischen und auf 2 Schüsseln verteilen.*

4 ***Balsamessig*** *in die Pfanne geben, mit Bratensatz vermengen und über die Salate geben.*

FERTIG IN 15 MINUTEN

BOHNEN-MAIS-SALAT MIT THUNFSICH

- *150 g Bohnen, aus der Dose*
- *150 g Mais, aus der Dose*
- *100 g Thunfisch, aus der Dose*
- *1 Frühlingszwiebel*
- *1 Paprika*
- *6 EL Salsa*

1 ***Mais*** *und* ***Bohnen*** *mit einem Sieb abgießen und zusammen mit* ***Thunfisch*** *in eine Schüssel geben.*

2 ***Paprika*** *würfeln,* ***Frühlingszwiebel*** *in feine Ringe schneiden und beides dazugeben.*

3 *Anschließend* ***Salsa*** *unterheben und auf 2 Tellern anrichten.*

FERTIG IN 15 MINUTEN

PFLÜCKSALAT MIT FETA, OLIVEN UND TRAUBEN

- *150 g Pflücksalat*
- *50 g Oliven, in Ringe geschnitten*
- *100 g Trauben*
- *16 Walnusshälften*
- *100 g Feta*
- *4 Scheiben Brot*
- *3 EL Balsamessig*
- *4 EL Olivenöl*
- *1 EL Zitronensaft*
- *1 EL Honig*

1. ***Pflücksalat, Oliven, Trauben*** *und* ***Walnüsse*** *in eine Schüssel geben.*
2. *Dressing aus* ***Balsamessig, Olivenöl, Zitronensaft*** *und* ***Honig*** *mischen und über den* ***Salat*** *gießen.*
3. ***Feta*** *über dem* ***Salat*** *zerbröseln.*
4. ***Salat*** *auf 2 Schüsseln verteilen und mit* ***Brot*** *servieren.*

WRAPS

Je nachdem, wem man glauben möchte, haben Wraps ihren Ursprung in Nord-Mexiko sowie den südlichen Staaten der USA wie beispielsweise Texas. Man spricht daher auch von der Tex-Mex-Küche. Obwohl sie seit einigen Jahrzehnten auch in Europa an Popularität gewinnen, tauchen sie noch immer relativ selten im Alltag auf – obwohl sie ein absoluter Zeitspar-Geheimtipp sind: Man nehme einen fertigen Tortilla-Fladen und belege ihn mit allerlei gesunden Leckereien, schlage ihn ein und fertig. Wo geht's denn bitte noch schneller, gesünder und vollwertiger als hier?

Wer möchte, kann den Fladen in der Zwischenzeit noch für 1–2 Minuten in einer großen Pfanne erhitzen, bevor er belegt wird. Du kannst fertige Wraps aber auch später kurz im Ofen oder in der Mikrowelle erhitzen. Solltest du eine Zutat nicht zur Hand haben, lässt sie sich gut mit etwas Ähnlichem ersetzen. Für noch mehr Geschmack kannst du mit fertigen Soßen frei experimentieren.

Alle Rezepte sind für 2 Personen

THUNFISCH-WRAPS

- 2 Tortillafladen
- 4 EL Kräuterfrischkäse
- 4 Salatblätter
- ¼ Zwiebel
- 150 g Thunfisch aus der Dose
- 50 g Oliven

1 **Fladen** jeweils auf einen großen Teller legen, mit **Kräuterfrischkäse** bestreichen und mit **Salatblättern** belegen.

2 **Zwiebel** schälen, fein würfeln und zusammen mit **Thunfisch** und **Oliven** hinzufügen.

3 Untere Enden der **Fladen** einschlagen und einrollen.

TOMATE-MOZZARELLA-WRAPS MIT PESTO

- *2 Tortillafladen*
- *4 Salatblätter*
- *1 Tomate*
- *1 Kugel Mozzarella*
- *2 EL Basilikum-Pesto*

1 ***Fladen** jeweils auf einen großen Teller legen und **Salatblätter** auf die **Fladen** legen.*

2 ***Tomate** und **Mozzarella** jeweils in Scheiben schneiden und auf die **Fladen** legen.*

3 *Alles mit **Pesto** bestreichen und anschließend untere Enden der **Fladen** einschlagen und einrollen.*

PUTEN-WRAPS

- *2 Tortillafladen*
- *4 EL Paprika-Aufstrich*
- *4 Salatblätter*
- *2 Karotten*
- *4 Scheiben Putenbrust-Aufschnitt*
- *2 Scheiben Gouda*

1. ***Fladen** jeweils auf einen großen Teller legen und mit **Paprika-Aufstrich** bestreichen.*
2. ***Salatblätter** auf die **Fladen** legen. **Karotten** der Länge nach halbieren und zusammen mit **Putenbrust** und **Käsescheiben** hinzufügen.*
3. *Untere Enden der **Fladen** einschlagen und einrollen.*

FERTIG IN 15 MINUTEN

FRUCHTIGE GARNELEN-WRAPS

- *2 Tortillafladen*
- *4 EL Ricotta*
- *2 Frühlingszwiebeln*
- *½ reife Mango*
- *1 vorgegarte Rote Beete-Knolle*
- *10 küchenfertige Garnelen*
- *1 EL Zitronensaft*
- *1 Prise Salz*

1 ***Fladen** jeweils auf einen großen Teller legen und mit **Ricotta** bestreichen.*

2 ***Frühlingszwiebeln** quer halbieren, **Mango** und **Rote Beete** jeweils in Streifen schneiden und alles längs auf die **Fladen** legen.*

3 ***Garnelen** ebenfalls auf die **Fladen** legen und alles mit **Zitronensaft** und **Salz** abschmecken.*

4 *Untere Enden der **Fladen** einschlagen und einrollen.*

RICOTTA-WRAPS MIT PINIENKERNEN UND TOMATE

- *2 Tortillafladen*
- *4 EL Ricotta*
- *8 Cocktailtomaten*
- *50 g Rucola*
- *2 EL Pinienkerne*

1. ***Fladen** jeweils auf einen großen Teller legen und mit **Ricotta** bestreichen.*
2. ***Cocktailtomaten** halbieren und zusammen mit **Rucola** und **Pinienkernen** auf die Fladen geben.*
3. *Untere Enden der **Fladen** einschlagen und einrollen.*

RÄUCHERLACHS-WRAPS

- *2 Tortilla-Wraps*
- *4 EL Kräuterfrischkäse*
- *2 Scheiben Räucherlachs*
- *¼ Zwiebel*
- *2 Radieschen*
- *1 EL Dill, tiefgefroren*

1 ***Fladen** jeweils auf einen großen Teller legen und mit **Kräuterfrischkäse** bestreichen. Danach mit **Räucherlachs** belegen.*

2 ***Zwiebel** schälen, in Ringe schneiden und auf den Fladen verteilen.*

3 ***Radieschen** in Scheiben schneiden und ebenfalls auf den Fladen verteilen.*

4 *Mit **Dill** bestreuen und anschließend untere Enden der **Fladen** einschlagen und einrollen.*

SUPPEN

Die simplen Abläufe beim Zubereiten von Suppen bieten gerade Kochanfängern einen optimalen Start in die schnelle Küche. Schließlich kann hier kaum etwas verbrennen, zu starkes oder geringeres Erhitzen sind verzeihbare Fehler. Dazu kommt, dass du die Zutaten meist nicht zwingend in einer festen Reihenfolge verarbeitet musst, was die Abläufe flexibel gestaltbar macht.

Damit meine Suppen etwas nahrhafter daherkommen, habe ich mich für eine etwas fettigere Basis oder eine Kohlenhydrat-Grundlage entschieden, welche das Rezept reichhaltiger macht. Mit einer optionalen Brot- oder Baguette-Beilage machst du bei Suppen nie etwas verkehrt. Auch die Wahl einer Beilage, die du gerade noch übrig hast, entpuppt sich in der Suppe oft als fähiger Sattmacher. Solltest du also nicht die passenden Klößchen parat haben, oder möchtest du mehr aus einer Suppe herausholen, kannst du sie problemlos mit schnell garenden Nudeln, Gnocchi oder Kartoffelstücken vom Vortag verlängern.

Alle Rezepte sind für 2 Personen

AVOCADO-SUPPE

- 2 Avocados
- 1 EL Hühnerbrühe
- 1 Prise Muskatnusspulver
- 1 Prise weißer Pfeffer
- 50 ml Sahne
- 4 EL Weißwein
- 1 EL Zitronensaft

1 500 ml **Wasser** im Wasserkocher zum Kochen bringen. Zwischenzeitlich **Avocados** entkernen und Fruchtfleisch mit einem Löffel sammeln.

2 **Hühnerbrühe** in einen Topf geben und mit heißem **Wasser** aufgießen.

3 **Avocados, Muskatnusspulver, weißen Pfeffer, Sahne, Weißwein** und **Zitronensaft** dazugeben.

4 Alles pürieren und ca. 5 Minuten bei mittlerer Hitze und geschlossenem Deckel köcheln lassen. Danach in 2 Suppentellern servieren.

GEMÜSESUPPE MIT GRIESSKLÖSSCHEN

- 1 EL Gemüsebrühe
- 500 g Kaisergemüse, tiefgekühlt
- 4 EL Weißwein
- 1 Prise weißer Pfeffer
- 250 g Mini-Knödel oder vorgefertigte Grießklöschen

1. 750 ml **Wasser** im Wasserkocher zum Kochen bringen. **Gemüsebrühe** in einen Topf geben und mit heißem Wasser aufgießen.

2. **Kaisergemüse, Weißwein** und **weißen Pfeffer** dazugeben. Alles 3 Minuten bei hoher Temperatur und mit geschlossenem Deckel kochen, überkochen vermeiden.

3. Herd ausschalten, **Grießklöschen** dazugeben und 5 Minuten mit geschlossenem Deckel ziehen lassen. Danach in 2 Suppentellern servieren.

LAUCHCREME-SUPPE

- *1 Stange Lauch*
- *1 EL Gemüsebrühe*
- *1 Prise weißer Pfeffer*
- *100 ml Sahne*
- *250 g Schmand*

1 *400 ml* ***Wasser*** *in einem Wasserkocher zum Kochen bringen. Währenddessen* ***Lauch*** *in dünne Scheiben schneiden und mit* ***weißem Pfeffer, Gemüsebrühe, Sahne*** *und* ***Schmand*** *in einen Topf geben.*

2 *Heißes* ***Wasser*** *dazugeben und 7 Minuten bei mittlerer Hitze und geschlossenem Deckel garen, gelegentlich umrühren. Anschließend in 2 Suppentellern servieren.*

TOMATENCREME-SUPPE MIT GARNELEN

- *400 ml passierte Tomaten*
- *½ Zwiebel*
- *2 Knoblauchzehen*
- *200 g Garnelen, vorgekocht*
- *1 EL Gemüsebrühe*
- *2 EL Gin*
- *1 Prise Pfeffer*
- *100 ml Sahne*
- *1 EL Honig*

1 ***Passierte Tomaten*** *in einen Topf geben und aufkochen. Währenddessen* ***Zwiebel*** *schälen und fein würfeln.*

2 ***Zwiebel*** *in den Topf geben,* ***Knoblauchzehen*** *darüber auspressen und alles pürieren.*

3 ***Garnelen, Gemüsebrühe, Gin, Pfeffer, Sahne*** *und* ***Honig*** *hinzugeben und verrühren. 5 Minuten weiter bei mittlerer Hitze und geschlossenem Deckel köcheln lassen, gelegentlich umrühren. Danach in 2 Suppentellern servieren.*

FERTIG IN 15 MINUTEN

CHAMPIGONCREME-SUPPE MIT ZWIEBEL

- 1 EL Butter
- 8 Champignons
- 2 EL fertig gehackte Zwiebel, tiefgefroren
- 1 EL Mehl
- 50 ml Weißwein
- 100 ml Sahne
- 1 EL Gemüsebrühe
- 1 EL Petersilie, gefriergetrocknet

1 300 ml **Wasser** in einem Wasserkocher erhitzen. Währenddessen **Butter** in einem Topf auf mittlerer Temperatur schmelzen.

2 **Champignons** in Scheiben schneiden und dazugeben. Gehackte **Zwiebeln** sowie **Mehl** dazugeben.

3 Alles mit **Weißwein** ablöschen, heißes **Wasser**, **Sahne** und **Gemüsebrühe** dazugeben, durchrühren. Nun bei geschlossenem Deckel 3 Minuten köcheln lassen, gelegentlich umrühren.

4 Anschließend in 2 Suppentellern servieren und mit **Petersilie** bestreuen.

FERTIG IN 15 MINUTEN

MAULTASCHEN-SUPPE

- *½ Zwiebel*
- *1 EL Butter*
- *2 EL Weißwein*
- *1 EL Gemüsebrühe*
- *1 Prise Muskatnusspulver*
- *350 g (Suppen-) Maultaschen*
- *100 g Spinat, tiefgekühlt, portionierbar*

1 *750 ml **Wasser** in einem Wasserkocher zum Kochen bringen. Währenddessen **Zwiebel** schälen und fein würfeln.*

2 ***Butter** in einem Kochtopf erhitzen und **Zwiebelwürfel** 2 Minuten darin anbraten, anschließend mit **Weißwein** ablöschen.*

3 *Kochendes **Wasser, Gemüsebrühe und Muskatnusspulver** hinzufügen.*

4 ***Maultaschen** und **Spinat** hinzufügen, gut durchrühren und 5 Minuten bei mittlerer Hitze und mit geschlossenem Deckel köcheln lassen. Danach in 2 Suppentellern servieren.*

FINGERFOOD

Du hast keine Lust mehr auf Chips, Salzstangen und Gummibärchen? Für besonders eilige Tage findest du hier ein paar leckere Fingerfoods in unter 10 Minuten. Ein paar Zutaten, ein paar Handgriffe – Voilà! Hast du Gäste eingeladen oder planst einen Filmabend, findest du hier gesunde Snacks, gerne auch zusätzlich zu einer Schale Nüsse oder ein paar Nachos.

Versuche dich doch einfach spontan an ein oder zwei Fingerfoods aus diesem Kapitel. Zutaten wie etwa der Apfel in den Matjes-Röllchen oder die Oliven in den Thunfisch-Häppchen lassen sich unkompliziert ersetzen, falls du sie gerade nicht zur Hand hast. Zudem kannst du mithilfe der folgenden Rezepte clever Reste verwerten: Beispielsweise eignet sich für Bruschetta altes Brot, das hier zur krossen Grundlage wird.

Alle Rezepte sind für 2 Personen

GORGONZOLA-BIRNEN-HÄPPCHEN

- *8 Scheiben Baguette*
- *50 g Gorgonzola*
- *½ Birne*
- *6 Walnusshälften*
- *2 EL Preiselbeeren, aus dem Glas*

1 *8 Scheiben* ***Baguette*** *schneiden und auf einer Plattte anrichten.*

2 ***Gorgonzola*** *und* ***Birne*** *in mundgerechte Scheiben schneiden und auf Baguette-Scheiben verteilen.*

3 ***Walnüsse*** *zerkleinern und ebenfalls auf* ***Baguette*** *verteilen. Mit* ***Preiselbeeren*** *garnieren.*

AUBERGINEN-BACON-HÄPPCHEN

- *1 Aubergine*
- *8 Scheiben Bacon*

1 *Backofen auf 200° C vorheizen.* ***Aubergine*** *in Scheiben schneiden, diese halbieren und auf einem Backblech verteilen.*

2 ***Baconscheiben*** *dritteln und* ***Auberginenscheiben*** *damit belegen.*

3 *Anschließend 6 Minuten im Ofen backen. Danach auf einer Platte servieren.*

ROHKOSTSTREIFEN MIT QUARK-DIP

- *150 g Quark (20–40% Fett i. Tr.)*
- *150 g saure Sahne*
- *1 EL Sahnemeerrettich*
- *½ TL Kräutersalz*
- *1 Prise Pfeffer*
- *2 EL Schnittlauch, gehackt*
- *½ Gurke*
- *2 Karotten*
- *1 Paprika*

1 ***Quark, saure Sahne, Sahnemeerrettich, Kräutersalz, Pfeffer*** *und* ***Schnittlauch*** *in einer Schüssel mischen.*

2 ***Gemüse*** *in etwa 10 cm lange Streifen schneiden und mit dem* ***Quarkdip*** *servieren.*

FERTIG IN 15 MINUTEN

REISWAFFELN MIT BANANE UND PHYSALIS

- 4 Reiswaffeln
- 4 EL Erdnussbutter
- 2 Bananen
- 4 Physalis

1. **Reiswaffeln** auf eine Platte legen und mit **Erdnussbutter** bestreichen.
2. **Bananen** in Scheiben schneiden und **Physalis** von Blättern befreien. Anschließend **Reiswaffeln** damit belegen.

THUNFISCH-HÄPPCHEN

- *½ Salatgurke*
- *¼ Zwiebel*
- *150 g Thunfisch*
- *6 EL Kräuterfrischkäse*
- *½ TL Paprikapulver*
- *10 entkernte Oliven*

1. ***Salatgurke** in ca. 20 Scheiben schneiden und auf einer Platte verteilen.*
2. ***Zwiebel** schälen, fein hacken und in eine Schüssel geben.*
3. ***Thunfisch**, **Kräuterfrischkäse** und **Paprikapulver** dazugeben und gut vermengen.*
4. ***Mischung** gleichmäßig auf den **Gurkenscheiben** verteilen und jeweils mit einer halben **Olive** garnieren.*

FERTIG IN 15 MINUTEN

HERINGS-RÖLLCHEN

- 2 Scheiben Pumpernickel
- 1 Spitzpaprika
- 1 Essiggurke
- ½ Frühlingszwiebel
- 2 Heringsfilets
- 50 g Quark (40% Fett i. Tr.)

1. **Pumpernickel** jeweils in 4 Teile schneiden und auf eine Platte legen.
2. **Spitzpaprika** in 8 Ringe schneiden, **Essiggurke** und **Frühlingszwiebel** in Streifen schneiden.
3. **Heringsfilets** jeweils einmal längs und quer teilen. Etwas **Quark** auf die entstandenen Teile geben, einrollen und in die **Paprikaringe** stecken.
4. Diese auf das **Pumpernickel** stellen und mit **Essiggurken- und Frühlingszwiebelstreifen** garnieren.

FERTIG IN 15 MINUTEN

BRUSCHETTA

- *4 Scheiben Brot*
- *2 Tomaten*
- *2 EL Olivenöl*
- *2 Knoblauchzehen*
- *2 EL Basilikum, gehackt*

1. *4 Scheiben* ***Brot*** *schneiden.*
2. ***Olivenöl*** *in einer Pfanne erhitzen,* ***Knoblauchzehen*** *in Scheiben schneiden und in die Pfanne geben.*
3. *Anschließend* ***Brotscheiben*** *darauf legen und 3 Minuten auf mittlerer Hitze anbraten, sodass die* ***Knoblauchscheiben*** *am Brot haften. Brote anschließend wenden und weitere 3 Minuten braten.*
4. *Währenddessen* ***Tomaten*** *in kleine Würfel schneiden.*
5. ***Brotscheiben*** *mit* ***Knoblauch*** *auf 2 Teller geben.*
6. ***Gewürfelte Tomaten*** *und* ***gehacktes Basilikum*** *auf den* ***Baguette-Scheiben*** *verteilen.*

FERTIG IN 15 MINUTEN

LACHS-EI-BROTE

- *4 Scheiben Brot*
- *4EL Sahnemeerrettich*
- *4 Portionen Räucherlachs*
- *2 hartgekochte Eier vom Vortag*
- *½ Zwiebel*

1. ***Brotscheiben** mit **Sahnemeerrettich** bestreichen und mit **Räucherlachs** belegen.*
2. ***Eier** pellen, in Scheiben schneiden und **Brote** damit belegen.*
3. ***Zwiebel** schälen, in feine Ringe schneiden und ebenfalls auf die **Brote** legen. Auf 2 Tellern servieren.*

FERTIG IN 15 MINUTEN

*Dir hat **Fertig in 15 Minuten** gefallen und du hast bereits erfolgreich einige Menüs nachgekocht? Ich würde mich sehr freuen, wenn du mir auf Amazon eine **Bewertung** hinterlassen würdest :-)*

IMPRESSUM

Jasmin Findig wird vertreten durch

Natalie Magri
Im Moorhock 16
48159 Münster

smarterkochen@gmail.com

2. Auflage 2023

ISBN: 9798378975914

Printed in Poland
by Amazon Fulfillment
Poland Sp. z o.o., Wrocław

24346109R00067